dtv

Bei Dietmar und seiner Frau ist es wie in vielen Ehen: Sie gärtnert gern. Und er soll helfen. Wenigstens Regenrinnen säubern, Moos entfernen, Rasen mähen. Doch Dietmar ist eher der Indoor-Typ. Als Schriftsteller betrachtet er die Sträucher, die er kürzen soll, lieber nur vom Schreibtisch aus. So entgeht ihm völlig, dass sich seine Frau da draußen nicht nur den bunten Blumen hingibt. Als ihm klar wird, was sie unter Gartenlust versteht, greift er zu drastischen Gegenmaßnahmen.

Dietmar Bittrich stammt väterlicherseits aus einer Familie engagierter Gärtner. Er selbst sitzt, wie seine Mutter, lieber auf der Terrasse. Den Sommer verbringt er gerne als offiziell bestellter *Ornamental Hermit* (»Ziereremit«) im Hawkstone Park im englischen Shropshire, wo in der malerischen Klause dieses Buch entstand. 2019 erschien bei <u>dtv</u> seine Reisegeschichtensammlung ›Müssen wir da auch noch hin?‹ (dtv 21788), mit der er auf der Spiegel-Bestsellerliste landete.

DIETMAR BITTRICH

Zum Niedermähen schön

Ein Garten-Krimi

dtv

Ausführliche Informationen über
unsere Autoren und Bücher
www.dtv.de

Von Dietmar Bittrich
sind bei dtv u. a. außerdem erschienen:

Böse Sprüche für jeden Tag (20676)
Wie man sich und anderen das
Leben schwermacht (20951)
Müssen wir da auch noch hin? (21788)

Originalausgabe 2020
© 2020 dtv Verlagsgesellschaft mbH & Co. KG, München
Umschlagillustration: Gerhard Glück
Satz: Uhl + Massopust, Aalen
Gesetzt aus der Scala 10,1/13,3˙
Druck und Bindung: CPI books GmbH, Leck
Gedruckt auf säurefreiem, chlorfrei gebleichtem Papier
Printed in Germany · ISBN 978-3-423-28214-7

Inhalt

1.

Landkreis des Lächelns

Später fragt man sich immer, wann es angefangen hat. Meist früher als gedacht, lange vor den ersten auffälligen Indizien. Vielleicht war es an dem Tag im April, als meine Frau mir mitteilte, dass der Biber-Job sicher war. Als Managerin meiner Einkünfte hatte sie sich leidenschaftlich dafür eingesetzt. Doch das erste Erlebnis, das mich nachdenklich stimmte oder das ich im Nachhinein als Hinweis deute, stand im Zusammenhang mit der abendlichen Müllentsorgung.

Als ich den schwächelnden Hinterreifen des Fahrrades aufpumpte, kletterte gerade der Mond in die Bäume am Kanal. Dunkel war es noch nicht, nicht dunkel genug für mein illegales Vorhaben, aber es war Zeit loszufahren. Ich stopfte die mit rotem Zugband verschlossene Mülltüte in den Rucksack. Nun sah es so aus, als wollte ich einkaufen fahren. In unserem Dorf gab es keinen Laden mehr, aber in Berkenthin, vier Kilometer und drei Abfallkörbe entfernt, hatte der Discounter abends bis neun geöffnet.

Vom Heebarg bog ich in den Umlöper und überquerte die Dörpstraat, wo immer noch das Verkaufsschild für das schönste und gleichzeitig schrecklichste Haus des Ortes hing. Es lag ein wenig zurück und war nur funzelig beleuchtet; ein reetgedecktes Fachwerkhaus, über hundert Jahre alt, mit Liebe zum Detail restauriert und innen einschüchternd elegant. Bei der Besichtigung waren Claudia und ich in den erlesenen Interieurs verstummt. Mittlerweile war der Preis dreimal gesenkt worden. Die Besitzer, die es nicht mehr aufsuchten, hatten jahrelang nur im Sommer darin gewohnt, die Wintermonate aber auf La Palma verbracht. Das war jemandem zu Ohren gekommen, der in der Silvesternacht einen anderswo erprobten Weg ins Haus wählte: per Leiter an der Rückseite hoch zur Traufe und weiter auf den für Schornsteinfeger montierten Tritten. Dass die Seilsicherung riss, als der Mann sich durch den Kaminzug hinabließ, und dass auf halbem Weg eine Verengung ihn stoppte, gehörte nicht zum Plan. Kanarisch gebräunt kehrten die Besitzer zum Frühjahrsbeginn zurück und argwöhnten an der Eingangstür, ein Marder sei im Dachboden verendet. Sie setzten den Kamin in Gang; die Wärme stieg auf, der Rauch zog nicht ab. Aus dem Zug kam ein unerklärliches Scharren. Und dann plumpste wie ein Sack ein zusammengeschnurrter Nikolaus auf die glimmenden Holzscheite, schwarz von Ruß und Verwesung, und kippte mit einem unirdischen Fauchlaut auf die Fliesen.

Jeder Landkreis hat seine gewöhnlichen und seine bizarren Todesfälle. In unserem gab es ein paar mehr von der ungewöhnlichen Sorte. Zu den Schauplätzen gehörten ein Hohlweg am Kalkwerk, ein versiegeltes Gartenhaus und ein mit Wasserlinsen überwachsener Teich. Beim Abbruch der alten Eisenbahnbrücke war aus einem der Pfeiler ein 1897 verschollener Arbeiter ans Licht gekommen, in mumifizierten Zustand (jetzt zu sehen im Depot des Kreismuseums). Eingemauert worden war er nach dem bewährten Bauprinzip der Grafen Schauenburg: »Soll die Brücke halten, so muss was Lebiges hinein!«

Auch eine Viehkoppel zählte zu den unheimlichen Orten. Als ich an diesem Aprilabend auf den grasüberwachsenen Fußpfad einbog, leuchtete am Ortsausgang der blinkende Engel im Fenster von Inga Quistorp. Als Tochter eines wohlhabenden Landwirtes hatte sie gegen den Rat der Eltern einen verwöhnten Städter geheiratet. Erst viele Jahre danach – er war dick geworden und arrogant geblieben – errang sie wieder ihre Freiheit, indem sie den Mann auf einem Spaziergang an einer Weide ihres Vaters vorbeiführte. Eine Herde schwarzbunter Kühe rupfte dort Gras. Inga soll einen Windstoß genutzt haben, um ihr monogrammiertes Taschentuch über den Zaun flattern zu lassen. Sie bat den Dicken, es zurückzuholen.

Seufzend kletterte er über den Zaun. Die Kühe unterbrachen ihre Mahlzeit und glotzten wiederkäuend herüber. In urbaner Ahnungslosigkeit hatte der Mann nicht bemerkt, dass sich ein Bulle bei der Herde befand. Er achtete nur darauf, beim Hinüberklettern nicht den Draht zu berühren, der durch gelbe Isolatoren am Holz entlanglief. Als er sich mühsam nach dem Taschentuch bückte, bebte der Boden. Er wollte sich noch aufrichten, da hatte ihn bereits eine Kuh ins Gras gestoßen. Eine andere hob ihn mit den Hörnern an. Dann kam der Bulle.

Der Vorfall bot den Lokalsendern Anlass, unkundige Wanderer vor den unterschätzten Gefahren des Landlebens zu warnen. Inga Quistorp hingegen wandte sich, scheinbar tief erschüttert, geistigen Interessen zu. Sie färbte ihre Haare nicht mehr und ließ sie lang wachsen. Den erlernten Beruf der Fußpflegerin erweiterte sie um die Kunst der Fernheilung und des Aufspürens von Störfeldern mittels Wünschelruten. Ihr Mobiliar stellte sie nach Gesichtspunkten des Feng Shui um. Sie hängte tibetische Fähnchen in die Diele und stellte Engelfiguren aufs Fensterbrett. Sie begann mit Aromalampen, Heilsteinen, Klangschalen zu hantieren. Und seit neuestem bot sie Waldseminare und Wanderungen zu Kraftpunkten an, unter dem ihr vom Kosmos eingeflüsterten Namen Astamaya. Dass sie ihre Spiritualität noch viel weiter trieb, weit jenseits der Grenzen harmloser Esoterik, war mir nicht klar, noch nicht.

Hinter den letzten spärlich beleuchteten Einfamilienhäusern holperte ich nun auf dem buckligen Weg zum Kanal hinunter. Der Elbe-Lübeck-Kanal führte von Lauenburg ziemlich gerade nach Norden und mündete in die Trave und mit ihr in die Ostsee. Sportboote und kleine Binnenschiffe waren im Sommer darauf unterwegs. Die gesamte Wasserstraße begleitete ein aus Sand gewalzter, von Eschen überschatteter Radweg. An warmen Wochenenden radelten darauf Familien und sportliche Rentner. An Wochentagen herrschte Stille.

Alle paar Kilometer war ein kleiner Rastplatz eingerichtet, eine Bank, flankiert von einem Fahrradständer und einem Papierkorb. Jeden dieser Papierkörbe kannte ich; in Richtung Süden die acht Körbe bis Mölln, in Richtung Norden die fünf bis Krummesse. In jeden hatte ich bereits eine pralle schwarze Mülltüte entsorgt. Mehr durfte ich nicht wagen, sonst würden die Mülldetektive der Abfallwirtschaft Schleswig-Holstein auf die Strecke geschickt. Vor nicht allzu langer Zeit habe ich übrigens selbst als Müllfahnder gearbeitet; das ist eine andere erfreuliche Geschichte.

Als ich an diesem vorfrühlingshaften Abend die kleine Holzbrücke über den Entwässerungsgraben zum Rumpeln brachte, fiel mir ein Fahrrad auf, das am Pfosten der Wandertafel lehnte. Die quadratmetergroße Karte diente der Orientierung navigationsloser Radler. Die gesamte Stecknitzregion war darauf abgebildet, mit allen Dörfern und Höfen, allen Forellenteichen und ehemaligen Bahndämmen, Hügelgräbern und Meilensteinen, mit mürben Wehranlangen und sehenswerten Einzelbäumen. Sogar unser bescheidenes Landhaus aus Lärchenholz war erkennbar als winziger roter Klecks.

Es war Finns Fahrrad, zu erkennen am wetterfesten Wimpel des TSV Berkenthin. Angeschlossen war es nicht. Die Dörfler ließen tagsüber auch die Haustüren offen. Sie erfreuten sich des ungetrübten Vertrauens, das

wir Zugewanderten mit der erlernten städtischen Alarm-
bereitschaft nicht mehr aufbringen konnten. Dann sah
ich Finn selbst. Storchenhaft mit seinen langen Beinen stakste er über die Findewiese. Um diese Zeit? Ich
pfiff. Er blickte auf. Er bückte sich und hielt etwas in die
Höhe. Er winkte. Ich sollte kommen. Also hatte er wieder eines gefunden. Als Einheimischer verfügte er über
Verbindungen, die uns verborgen blieben.

»Bitte sehr«, sagte er, als ich durchs taufeuchte Gras
gestapft war. »Birkholm hat dich angerufen«, stellte ich
fest. Birkholm gehörte zu den Betreibern des Flughafens
Blankensee, von dessen Rollbahn nicht nur Segelflieger
und Ballonfahrer aufstiegen, sondern gemütlich brum-
mende Flugzeuge, ab Frühlingsbeginn einige davon mit
Tandem-Skydivern. In dreitausend Metern Höhe sprangen sie ab, ungefähr über Lankau. An windstillen Tagen
sah man sie als größer werdende Meteoriten über den
Himmel segeln. Sie gingen nicht weit von unserem Dorf
auf einem brachliegenden Feld sanft zu Boden. Einige
Teilnehmer hatten dann bei der Landung nicht mehr
alles bei sich, besonders falls sie sich beim Absprung geschüttelt oder laut gejubelt hatten. Dann hatten sie etwas
verloren, zum Beispiel das, was Finn jetzt auf der Hand-
fläche zeigte.

»Im Mondlicht schimmern die wie von innen beleuchtet«, murmelte er beglückt. »Wie vollgesogen mit
Solarenergie!« Er hatte recht. Die Prothese, ein nahezu
vollständiger Unterkiefer, schien uns anzulächeln. »Hat
einige Gebrauchsspuren«, räumte er ein. »Aber ist fast

komplett!«, staunte ich. In der Regel fielen allenfalls Klammern ab, häufiger noch Schmuck, Brillen, Haarteile und immer wieder Stofftiere, die Talismane der Laienspringer. »Dein Flohmarkttisch wird beim Stecknitzfest der Hit!«, musste ich gratulieren. Finn war nicht der einzige Sammler in der Gegend, doch der erfolgreichste. Das hing damit zusammen, dass er verlässlich informiert wurde, wenn jemand im freien Fall den Mund zu weit aufgerissen, den Kopf zu sehr geschüttelt oder seinen Teddy an die Lüfte verloren hatte, durch die er jauchzend schlitterte.

Nicht alle Prothesen, Puppen, Armbänder, Schuhe, Hörgeräte und Plüschkoalas fielen auf diese Feuchtwiese, aber doch so viele, dass die Dörfler sie nach dem allerersten Fund benannt hatten und einer sogar den Namen auf die Wandertafel geschrieben hatte: Gebisswiese. Das Sammeln war zum Wettbewerb geworden, nachdem sich vor Jahren auf eine Annonce mit dem Foto der ersten Zahnspange niemand gemeldet hatte. »Wenn wir genug schöne Stücke haben, machen wir eine Ausstellung«, hatte der Bürgermeister damals beschlossen. »Dann nennen wir uns ›Landkreis des Lächelns‹!«

Ab Mitte April bekamen die einheimischen Sucher Konkurrenz durch Störche, die ihre Nester auf Dachfirste und hohe Plattformen bauten und auf der Wiese eigentlich nur Frösche suchen sollten und Kröten und Eidechsen, manchmal aber eine Teilprothese davontrugen oder ein Pferdchen mit rosafarbener Mähne zum Kämmen. Monate später wurde so ein Fund dann vom ehrenamtlichen Vogelberinger im Nest entdeckt, nebst Socken, Ketten und Büstenhaltern. Ja, auch der Büstenhalter von Liv ist mal dabei gewesen, von der jungen Bürgermeistersfrau. Er war nicht von der Wäscheleine geweht, sondern am Waldrand auf einem Hochsitz verloren gegangen; das ist eine andere Geschichte. Und dass ich selbst mal einem Ornithologen geholfen habe, als Vertreiber von Vögeln am Flughafen, und dabei auch einen Fund gemacht habe, das ist wieder etwas anderes; ähnlich wie meine kurze Karriere als Verfolger von Heißluftballons, die hier ab April über die Landschaft schwebten. Jetzt sollte ich mich ja erst mal als Biber versuchen.

»Du fährst noch einkaufen?«, fragte Finn mit Blick auf meinen Rucksack. »Muss ich«, behauptete ich. »Claudia braucht noch Backzutaten. Und ich selbst will mal wieder das Weinangebot checken. Darf ich dir eine Tube Kukident mitbringen?«

Er lachte mit seinen nahezu perfekten eigenen Zähnen. Kein Wunder, dass die Landfrauen ihn anhimmelten. Er leitete ihren wöchentlichen Fitnesskurs. Als Triathlet hatte er es vor Jahren beinahe in die Olympiaauswahl geschafft. Er hatte eine Ausbildung im Landschaftsbau absolviert, war also Gärtner, erledigte aber auch Handwerksarbeiten aller Art, betrieb mit seiner Schwester eine Antikscheune, organisierte das Tauchen nach Liebesschlössern und war Chef der Freiwilligen Feuerwehr. Finn vertrug mehr Stecknitzköm als alle anderen und blieb doch schlank, muskulös und auf jede Weise einsatzbereit.

»Na, ich suche hier noch ein bisschen«, lächelte er. »Es hat jetzt mehrere verlustreiche Sprünge gegeben, und das Mondlicht hebt die besten Teile magisch hervor, so bleich glühend, wie auf der Geisterbahn.«

Er wandte sich der Wiese zu, die er noch bis zum schwarzen Waldrand abschreiten würde, ein urzeitlicher Jäger und Sammler, ein beneidenswert attraktiver Kerl. Sexiest Guy of the Landkreis, hatte seine Schwester ihn mal getauft. Er war ein Bild von einem Mann. Und wer dieses Bild vor Augen hat, mag sich fragen, warum dieser Held mir nicht half, die Leiche zu bergen, später. Ich rede von dem aufsehenerregenden Todesfall, über den sogar die New York Times berichtete. Ich will versuchen, mit diesen Aufzeichnungen eine Antwort zu geben.

DER GRÜNE TIPP
Kräuter und Köm

Noch nützlicher als Stofftiere, Perücken und Gebissteile sind die Wildpflanzen auf Wiesen. Da lassen sich Küchenkräuter sammeln – wie Salbei, Thymian und die regionale Oregano-Variante namens Dost. Rohkosttauglich sind die Blätter, Knospen und Blüten von Gänseblümchen, Klee, Löwenzahn und Wegerich. Zum biodynamischen Beseitigen missliebiger Personen eignen sich das gelb blühende Jakobs-Greiskraut, der ebenfalls gelbe Hahnenfuß und die lilafarbene Herbstzeitlose. Eine erprobte Rezeptur stellt der Autor diskret bereit.

Als Gegengift oder als Verdauungshilfe empfiehlt sich der Köm, hochdeutsch Kümmel: Fünfzig Gramm Kümmelsamen in einem Liter Wodka sieben Tage ziehen lassen. Abgießen und in eine unverdächtige Flasche füllen. Vor dem Essen, nach dem Essen, zur Inspiration.

2.

Fliehendes Wild

Das Knirschen des Sandes unter den Reifen war der einzige Laut, als ich in der Dämmerung am Kanalufer entlangradelte. Die Fahrt ging durch ineinanderfließende Schichten von Wärme und Kühle, durch den Duft von Wasser und Gras, vorbei an der Behlendorfer Schleuse, die bereits zur Nacht geschlossen war und schlaflos unter schwefligem Flutlicht lag. Und wieder ins Halbdunkel, vorüber am vom Winter niedergedrückten Schilfsaum und an den Plätzen der Böschung, an denen im Mai die Angler ihre Campingstühle ausklappen würden, um auf das Beißen der Zander zu warten. Der Mond blinkte zwischen den Pfahlreihen. Sein Schein und der Lichtkegel des Fahrrades reichten aus, um Wühlmauslöchern und aufmüpfigen Grasnarben auszuweichen.

In der landseitigen Wallhecke, in diesem Landstrich Knick genannt, hatten erste Büsche tausend kleine Blüten aufgesteckt, schaumig dicht und weiß, wie an die Zweige gesprühter Rasierschaum. Schlehen oder Weißdorn; meine Frau hätte es gewusst. Aber die buddelte jetzt immer noch selbstvergessen in ihrem Lieblingsbeet, das sich sichelförmig an den Plattenweg schmiegte;

mit ihren grünblauen Augen als einzigem Restlichtverstärker. Das tat sie, bis sie Hacke und Blumenkelle nur noch durch Betasten unterscheiden konnte.

Ein Paar großer Vögel überquerte den Kanal in unerreichbarer Höhe, langer Hals, weite Flügelspanne. Schwäne? Reiher? Störche? Claudia hätte es gewusst; ich taugte nicht fürs Landleben. Glimmende Fenster am gegenüberliegenden Ufer gehörten zu Hollenbek, einer malerischen Häuserschar um zwei Höfe mit Biosiegel; die Bewohner waren Pensionäre oder fuhren zur Arbeit nach Lübeck.

Nun ging es in weitem Bogen auf Berkenthin zu. Die hölzerne Brücke über den Mühlenbach gab meine Fahrt polternd der stillen Umgebung bekannt. Die Silhouette des mittelalterlichen Glockenturms kam in Sicht. Die bäuerliche Kirche aus Feldsteinmauern war jüngst zur Station am Jakobsweg ausgerufen worden, an der selten begangenen Strecke von Schleswig über Lübeck nach Lüneburg. (Übrigens hat mein zwölfjähriger Neffe Franz im vergangenen Sommer die entscheidende Etappe von Sarria nach Santiago geschafft; am Ziel hat einer der kinderlieben Patres ihn ins Botafumeiro der Kathedrale gehoben, ins mannshohe Weihrauchfass, das nach Toresschluss noch lauwarm war, und hat ihn durchs Kirchenschiff schwingen lassen; über die fällige Spende soll ich nichts sagen.)

Berkenthin lag in Dunkel und Schweigen; man sah jetzt fern. Über den Parkplatz des Discounters schlurften müde Käufer von Pringles und Flens. Ich schloss das

Fahrrad an, warf einen sichernden Blick in die Runde und entsorgte im perfekten Moment unsere pralle Mülltüte in den Abfallkorb an der Automatiktür. Allein zu diesem Zweck hatte ich vier Kilometer zurückgelegt, eine eigene Pilgerfahrt mit stolzem Abschluss, wenn auch ohne Stempel im Pass (»Fachgerechte Entsorgung«).

In unserer dörflichen Sackgasse mit den paar Blockhäusern wurden die grauen Tonnen nur alle acht Wochen geleert, und auch das nicht zuverlässig; so waren wir zu konspirativen Entsorgern geworden. In den Nachbarorten Sierksrade und Klinkrade hatte ich geräumige Körbe am Dorfanger ausgemacht, die ich demnächst bei Dämmerung nutzen wollte. Und bald, am Tag des Bibers, würde ich eine große Tüte bei Obi entsorgen können.

Jetzt belohnte ich mich mit Naherholung im Licht des Supermarktes. Am Eingang, neben gebündeltem Anmachholz und Säcken mit Blumenerde, türmten sich blühende Topfpflanzen, vorbereitet zum Ausbringen in die Frühjahrsbeete. Ich war verpflichtet, so etwas meiner Frau zu melden. Gewöhnlich nahm ich Pflanzen nicht wahr, es sei denn, sie waren stachelig oder verfügen über Cannabinoide. Claudia hatte mich zu erweiterter Aufmerksamkeit ermutigt. Auf den Paletten konnte ich Hyazinthen, Oleander und Glockenblumen unterscheiden, Stiefmütterchen und Hornveilchen nicht ohne Hilfe der Etiketten, beide blühten gleich gelb. Und die als Tausendschön und Kissenprimeln beschilderten Pflanzen ähnelten einander so sehr, dass ich im Quiz beim Stecknitzfest versagt hätte.

Ich rief meine Frau an, um von dem Angebot »Jetzt das Traumbeet planen!« zu berichten. Draußen war es mittlerweile so dunkel, dass sie die kleineren Gartengeräte kaum mehr im Beet finden konnte. Auch ihr Handy war nicht gleich zur Hand. Die Mailbox meldete sich. Deren Schweigen vertraute ich Bezeichnungen und Preise an. Mit ein bisschen Glück käme ihr Rückruf nicht rechtzeitig. Dann bliebe mir die Aufgabe erspart, einen schiefen Pappkarton voller Töpfe und bröselnder Erdklumpen auf dem Gepäckträger festzuklemmen und sturzfrei nach Hause zu transportieren.

Claudia bezog meditative Kraft aus dem zärtlichen Umgang mit Pflanzen und Erde. Bei der Gartenarbeit löste sie sich aus dem Zeitvergehen, der Druck der Welt zerrann. So sagte sie. Ich regenerierte mich in Kunstwelten, zwischen Regalreihen voller Leckerbissen, beim Wandeln gegen den Uhrzeigersinn auf der von Marketingstrategen ersonnenen Strecke. Wenn wir gemeinsam einkauften, wollte sie unsere Liste möglichst rasch abarbeiten; ich sollte nicht bummeln oder zu stöbern beginnen. Wenn ich allein ging, war alles erlaubt.

Glücklich schlenderte ich durch das Fluidum von Äpfeln, Zitrus, Bananen, dann von Koriander und Vanille, bald von gemahlenem Kaffee, erwärmten Baguettes, später von Käse und Fleisch, dann noch von Feinwaschmitteln und Duschgels. Inga Astamaya Quistorf wollte mich als Assistenten engagieren bei ihren geführten Wanderungen auf federnden Forstwegen, unter rauschenden Wipfeln, inklusive Baumumarmung und barfüßiger Laubmeditation. Waldbaden nannte sie das. Doch kann es ein nachhaltiger entspannendes Bad geben als das mückenlose, zeckenfreie, regengeschützte Promenieren in Licht und Musik, durch Knabbereien, Süßigkeiten, Mediterranes, leuchtende Weinregale, Pyramiden von farbenfrohen Getränken? Kann es etwas Wohltuenderes geben als ein Bad im Schlaraffenland?

Zumindest an kalten Tagen könnte sie Supermarktbaden als Therapie anbieten, wollte ich Astamaya ans Herz legen. »Da könnte ich selbst führen.« Doch für Frostperioden hatte sie ja bereits eine erlösende Variante parat, die sich nicht für Gruppen eignete, nur für einzelne Freiheitssucher. Dafür war ich als Begleiter ausersehen; das wusste ich nur noch nicht.

Den Genuss des Einkaufsbadens teilte ich mit trägen Käufern, denen die Stimmung kurz vor Ladenschluss lieb war. In den Supermärkten auf dem Land kam Hektik nicht vor. Die Kunden wandelten zufriedener durch die Gänge. Sie gingen luftiger, sorgloser und doch immer arbeitsgerecht. Jemanden im Anzug hatte ich hier nie gesehen. Sie waren lässig gekleidet, ohne Wert darauf zu legen, dass es lässig aussah. Der Zeitschriftenständer enthielt kein einziges elegantes Magazin. Designermarken spielten keine Rolle. Die Nasen mochten knolliger sein, die Haut großporiger, die Figur plumper; dafür war noch kein magersüchtiges Mädchen im Landkreis gesichtet worden. Die Gespräche an der Kasse zeugten von bodenständigem Wirklichkeitssinn. Es gab weniger Selbstdarstellung, weniger Ideologie.

»Dietmar!«, rief eine helle Frauenstimme. Das war nun allerdings eine Ausnahmeerscheinung, die den zerwühlten Plunder der Aktionstische mühelos überstrahlte: Liv, schlank, beweglich, mit funkelndem Lächeln und keckem Blick. Ohne den aktuellen provinziellen Rahmen (sie entstammte der stolzen Kulturhauptstadt Lübeck) hätte man auf die Idee kommen können, sie sei zuerst mit Gerard Butler, dann mit Brad Pitt und schließlich mit Justin Theroux verheiratet gewesen. Stattdessen war sie seit ihrem zwanzigsten Lebensjahr (inzwischen war sie achtunddreißig, ein Jahr jünger als Claudia) mit Ewald zusammen, dem gutmütigen groben Klotz. Auf einem Ackerfestival mit lokalen Bands und viel Gebüsch hatten die beiden sich kennengelernt. Nun war das Kind bereits aus dem Haus, Kleinbauer Ewald hatte es zum Bürgermeister gebracht und war immer noch zwanzig Jahre älter als sie.

»Ich habe das letzte Clownskostüm erwischt!«, rief sie glücklich. Die Zusammenstellung der angeblichen Schnäppchen in den Wühlkörben und Displayständern folgte einer unergründlichen Verkaufsstrategie. Daunenkissen lagen neben Starthilfekabeln, Gewürzboxen neben Farbdruckern, Pantoffeln verschwanden unter Matratzenschonern, Haarbürsten in Rührschüsseln. Die Trenngitter hielten dem Grabungseifer der Jäger nicht stand. Und Liv hatte einen Restposten Faschingskostüme entdeckt, der reichlich gefleddert schien, weil er schon seit Wochen hier auslag.

»Wo ist Claudia?«, fragte sie blitzend frech. »Im Garten«, erklärte ich (nicht ganz wahrheitsgemäß, wie ich heute weiß). »Ach, stimmt ja, sie arbeitet gern im Dunkeln«, meinte Liv ein wenig ironisch. »Aber hier, im Hellen, hier habe ich ein Clownskostüm entdeckt! Schau mal! Fürs Stecknitzfest!«

Richtig, jetzt fiel es mir ein. Ewald, ihr Ehemann, spielte bei dem Fest am Kanal gutmütig den Clown für die Kinder. Das machte er gut, er musste mal einen Clownskurs besucht haben, wie übrigens auch Claudia während ihrer medizinischen Assistenz. Und jetzt kam er selbst. Freundlichst grinsend schob er sich hinter einem Regal hervor, das dicht mit Kornvarianten, Obstlern, Kräuterbittern, Likören befüllt war. Als olympische Fackel hielt er eine Flasche »Wunderbeere« empor, einen gefürchteten regionalen Absacker aus Himbeeren, Preiselbeeren und Schlehen.

»Siehst du, genau deshalb habe ich dir meine Stimme gegeben!«, rief ich ihm zu. Liv zwinkerte rätselhaft, strich Abschied nehmend über die Auflaufformen und zusammengerollten Teppichläufer und zog ihn weg. »Ich habe ein Clownskostüm ergattert«, hörte ich sie noch sagen.

Aber es war nicht das letzte. Im Aufsteller mit den Servierplatten und Besteckkästen lag noch eines, verdeckt von spiegelnden Dekotellern; allerdings unverpackt und womöglich schon ausprobiert: ein zirkustaugliches Clownskostüm, genau wie Liv es aufgetan hatte, leuchtend rot und gelb und blau, klassisch mit Kuschelknöpfen und Filzflicken. Das würde ich Claudia schenken. In ihrer Zeit als Assistenzärztin war sie auf der Kinderstation als Krankenhausclown aufgetreten.

Das Kinderpublikum hatte sich hier der Bürgermeister gesichert. Für Claudia bleiben allenfalls die weniger erfrischenden Darbietungen in den zahllosen Ruhesitzen, Domizilen, Rosenhöfen. Aber vielleicht verspürte sie Lust. Das ausgemusterte Teil kostete lediglich sieben Euro. Und ich erwähne es hier auch nur, weil einige Wochen später ein Clownskostüm exakt dieser Art bei dem Mord eine Rolle spielte. Dass es Zeugen dafür gab, war sicher nicht geplant.

Ich warf einen Blick aufs smarte Display. Keine Nachricht. Ich zahlte Schokolade, Kekse, Wein und Kostüm und verschenkte die Treuepunkte. Draußen schaltete ich die Standortfreigabe des Handys ein. Das machten Claudia und ich bei Dunkelheit jedes Mal, wenn wir allein unterwegs waren. Claudia konnte so verfolgen, auf welchem Weg ich mich näherte. Falls mir etwas zustoßen sollte wie seinerzeit Ralf Mommsen, wäre jedenfalls klar, wo es passiert war. Auf seinem neuen Pedelec hatte Ralf bei der Premierenabfahrt vom Fliegenberg die Kurve am Badeteich unterschätzt. Obendrein blendete wohl die Abendsonne. Die Sekunde, in der er die Abschaffung der Rücktrittbremse verfluchte, reichte aus, um ihn durch die Wallhecke zu katapultieren. Dass seine Frau erst am folgenden Nachmittag nach ihm suchen ließ, begründete sie mit seiner Gewohnheit, unverabredet längere Touren zu unternehmen.

Bei solchen Nachrichten freute ich mich über meine

eigene harmonische Ehe. In den nun schon fast fünfzehn Jahren mochte die erotische Anziehung ein wenig nachgelassen haben. Dafür war liebende Freundschaft gewachsen. Wir verstanden uns ohne viele Worte. So kam es mir jedenfalls vor.

Den Rückweg nahm ich nicht am Kanal. Dafür war es jetzt zu dunkel. Hinter den letzten Lichtern Berkenthins bog ich auf den asphaltierten Radweg, der parallel zur Landstraße angelegt worden war und an Feldern entlangführte, auf denen in wenigen Wochen der Raps leuchten würde. Vier Kilometer ging es durch grün duftende Dunkelheit, im Windschutz einer Knickhecke, vorbei an drei von der Sparkasse gestifteten, von Schulklassen bemalten Bänken, auf denen nie jemand saß, die mir aber wegen ihrer einladenden Abfallkörbe aus verzinktem Maschendraht innig vertraut waren.

Die prahlerischen Straßenlaternen von Niendorf kamen in Sicht. Das Dorf hatte hundertdreiundvierzig Einwohner; die meisten waren alt und abends nicht unterwegs. Doch die neuen breitstreuenden Laternen leuchteten ihre Schlafzimmer aus und zogen in den Sommernächten Wolken von Nachtfaltern an, die am Morgen erschöpft auf dem Asphalt lagen. Die Straße neigte sich ein wenig bergab, vorbei am Feuerwehrhaus, am Löschteich und am Gemeinschaftshaus, das im regionalen Trend in Dörpshuus umbenannt worden war. Am Betonmast mit dem Weidenkorb fürs Storchennest bog ich in den Borggraben, nun schon wieder leicht bergauf, radelte an der zweihundertjährigen Scheune vorüber, die aus der Dorfmitte abgetragen und hier wieder aufgebaut worden war, für Hochzeiten und bräsige Oktoberfeste, dann in unsere schmaler werdende Sackgasse, am Umspannhäuschen vorüber, in den bremsenden Kies der Einfahrt.

Als ich am Carport die Schuppentür öffnete, um das Rad einzuschließen und in den Kartons das Kostüm zu verstecken, als Geschenk für später, brach ein aufgeschrecktes Tier durchs Gebüsch. Von unserem Grundstück floh es eilig durch die Haselsträucher und Thuja zum Nachbarn. Dem Geräusch der brechenden Zweige nach war es zu plump für ein Reh, erst recht für eine Katze; wäre es der Hund des Nachbarn gewesen, hätte er gebellt. Wölfe waren hier noch nicht angesiedelt worden. Womöglich war es eine Bache. Wildschweine kamen jetzt bei Dunkelheit nah an den Dorfrand. Und im Frühling waren sie gefährlich. Die Bachen fühlten sich angegriffen, weil sie ihre Frischlinge schützen wollten. Ein Wanderer sollte dann zur Statue erstarren. Ich verharrte regungslos, atmete flach und wartete. Alles blieb still.

Nach einer Weile erklomm ich unhörbar wie ein Dieb die Holztreppe (unser Blockhäuschen lag an einem Hang, der zunächst flach, hinterm Haus jedoch einschüchternd steil anstieg) und nahm nicht den Plattenweg, sondern schlich entfernt vom Wildschweingeräusch über den Rasen, den ich demnächst würde mähen müssen, Einebnung der Maulwurfshügel inklusive. Kein Laut mehr. Vom Wohnzimmer kam keine Helligkeit, die Vorhänge waren zugezogen. Ein Streifen Licht nur zog einen Strich über die Veranda und über die Glyzinien am Geländer, deren Knospen noch geschlossen waren. Ich tappte ums Haus herum und hinauf zum Teich, wo parallel gesetzte Eisenstangen die Grenze zum oberen Nachbarn markierten. Er hatte sie ohne unsere Zustimmung statt eines Zaunes gesteckt. Ihn selbst bekam man niemals zu Gesicht. Seine Fensterläden blieben immer geschlossen.

Doch hier, von der Hinterseite unseres Hauses, aus dem Schlafzimmerfenster, glänzte Licht. Ich schlich näher, im Sichtschutz der Rhododendren, und fühlte mich herzklopfend wie ein Voyeur. Meine Frau saß auf dem Bett. Sie cremte sich ein. Sie musste gerade geduscht haben, nach der schweißtreibenden Gartenarbeit. Gebannt starrte ich durchs Gezweig auf die schimmernde Nacktheit, die vergoldet wurde vom Licht der Nachttischlampe. So gelöst sah ich Claudia selten, und selten so sinnlich. Was für eine wunderbare Selbstvergessenheit war in diesen langsamen Bewegungen, der schlaftrunkenen Hingabe. Sie sah glücklich aus.

Ich riss mich los. Die Zweige schlugen zusammen. Ein Frosch hüpfte aus dem Schilf ins Wasser des Gartenteiches, aus dem der Reiher im Herbst die Fische geraubt hatte. Und wieder Stille. »Die nassen Fröschgens springen, sobald die Grillen singen«, hieß es in einem der Barockgedichte, die ich von Berufs wegen untersuchte. Hier sang keine Grille. Und da war keine Bache, keine Katze, kein Reh. Kein Vogel plusterte sich im Gebüsch, kein Igel wanderte raschelnd durchs Gras. Über dem schwarzen Waldrand glänzte der Sternenhimmel. Was für ein Frieden!, dachte ich und denke ich heute noch, mit dem Wissen, dass genau dieses liebliche Stückchen Garten, mit seinen Einfriedungen aus Heckenrosen, Forsythien und Oleander, der Schauplatz eines kapitalen Verbrechens werden sollte.

DER GRÜNE TIPP
Schwarzwild und Rehverbiss

In den Garten kommen Wildschweine, weil sie hungrig sind. Wer auf eine Umzäunung verzichtet, schützt zumindest die Gemüsebeete und den Komposthaufen und stellt Mülltonnen kippsicher auf. Bei einer leibhaftigen Begegnung empfiehlt sich der geordnete Rückzug, besonders wenn das Borstentier zu schnauben beginnt oder gar mit den Zähnen klappert. Mit Chilibeize präparierte Pellets haben sich als langfristige Abschreckung bewährt. Die Wildschweine fressen sie, sind angewidert und merken sich spätestens nach dem zweiten Test: in diesem Garten schmeckt's nicht. Rehe lassen sich allenfalls am Abknabbern junger Bäumchen hindern – durch Plastikmanschetten um den Stamm. Wer Plastik verachtet und die Abschreckungsmittel aus Gartencentern (»Blutmehl«) verschmäht, tröstet sich mit dem Gedanken, dass Rehverbiss an Blumen und Sträuchern total biologisch ist und ganz bestimmt dem Klima dient.

3.

Biberstunden

Wow!«, rief Claudia, während ich mich im staubigen Umkleideraum verwandelte. Sie munterte mich gern auf, wie man Kleinkinder ermutigt, mit überschwänglichem Lob für kleinste Heldentaten. Zuerst hatte ich die grellorange Flauschhose überziehen müssen, danach die monströsen Tatzenschuhe, schließlich die Jacke aus vollsynthetischem Fell. Und schon schwitzte ich.

»Verblüffend!«, rief sie. »Warte!« Sie knöpfte mir am Rücken die Weste zu. Jetzt war nur noch der kugelrunde Kopf dran, mit den bedienerfreundlichen Henkelohren. »Das steht dir ja wirklich!«

Ob sie es aufrichtig meinte oder ihre pädagogischen Neigungen auslebte – ich sah tatsächlich erheiternd aus. Durch die Sehschlitze im Maul konnte ich im Spiegel das kulleräugige Plüschtier betrachten, zu dem ich geworden war, mit dem unerschütterlichen Lächeln über den raffgroßen Nagezähnen. Von mir selbst war nichts mehr zu sehen. Das war tröstlich. Es würde für die nächsten Stunden so bleiben.

Ich habe schon etliche Maskottchen gemimt, Bären und Drachen, eine pinkohrige Maus für die Sparkasse, den Raben Rabix im Heidepark, Emil, den Rossmann-Esel, auch einen Frosch und mal einen Maulwurf, den Cola-Eisbären und sogar, wegen Ausfall des Hauptdarstellers, viele Wochen lang in einem Fußballstadion den Dino Hermann, den blau-weißen Trampelsaurier einer Hamburger Mannschaft, die nach der Phase meiner Auftritte unter Schmähgesängen und Bierbecherwürfen abgestiegen war und danach einen anderen Darsteller gesucht hatte.

Ein Sportverein würde mich nicht wieder engagieren. Für einen Baumarkt reichten die Referenzen. Ich war ausreichend beweglich, halbwegs humorvoll und hatte Erfahrung. Zu proben brauchte ich nicht. Zum Aufwärmen rief ich mir vorm Spiegel die Gesten in Erinnerung, mit denen ich in den verwirrenden Gängen, zwischen von Hardware überquellenden Regalen und draußen im Gartenparadies, die folgenden Stunden zubringen würde. Fideles Winken, drolliges Verneigen, ein paar Tanzschritte, immer lustig, immer stumm. Maskottchen reden nicht. Ich legte meiner Frau den Arm um die Schultern, wie ich es bei Kindern und berührbaren Kundinnen tun würde. Sie nieste.

»Da ist Sägemehl im Fell«, diagnostizierte sie. »Oder Mikroplastik. Atme nicht so tief. Ich fahre zur Reinigung und zum Uhrmacher und zum Reisebüro.«

Schon ganz Biber geworden, verbeugte ich mich linkisch und winkte lieb. Die Arbeit begann, zumindest für mich. Claudia startete unterdessen die romantische Urlaubsplanung. Das kleine Ratzeburger Reisebüro überlebte dank unserer unermüdlichen Gartenreisen und dank der Landfrauen im Kreis. In den frühen Jahren hatten wir ferne Länder erkundet. Am Roten Meer hatten wir uns kennengelernt, waren dann durch Indien, Ostafrika, Usbekistan, den Iran und Neuguinea gereist.

Dann war meine Frau vom Abschmelzen der Polkappen erfasst worden. Seither hatten wir nur noch Gartenanlagen besucht und an Seminaren zur Wiederaufforstung teilgenommen. Besonders düster war mir die Mainau in Erinnerung, mit ozeanischen Mengen von Krokussen, Tulpen, Narzissen, durch die Karawanen von Rentnern zogen. »Ich dachte, in dieser Umgebung fühlst du dich etwas jünger«, hatte Claudia geäußert, »durch den Vergleich.« Aktuell sollten es die Cotswolds werden oder die königlichen Anlagen von Drottningholm und hoffentlich nicht nur die Biogartenmesse im Schlosspark von Gotha.

Mit leicht erhöhter Temperatur tappte ich durch die Gänge zum Eingang. Einige meiner Maskottchenkostüme waren mit winzigen akkubetriebenen Ventilatoren ausgestattet gewesen, für die kleine Brise überm Scheitel. Der Baumarkt-Biber war einfach nur warm. Eine Schar schwitzfreier Angestellter in roten Kitteln grüßte schadenfroh. Meine plumpsäckige Erscheinung mit dem großen Wendekreis wirkte aufhellend und entspannend. Noch war wenig Betrieb. Am gläsernen Eingang erlahmten die Arme noch nicht beim Hereinwinken. Souverän konnte ich die Kunden mit erhobenen Händen segnen für den Pilgerpfad durchs Labyrinth, in dem es bald schwierig sein würde, auskunftswilliges Personal aufzutreiben.

Sanitär, Leuchtmittel, Eisenwaren, Baustoffe, Camping; selbst erfahrene Angestellte winkten Fragende am liebsten weiter: »Dahinten finden Sie das.« Was bedeutete, dass sie es selbst nicht wussten. Ich brauchte es nicht zu wissen. Wo sich Wellpolyester und Kabelbinder verbargen oder wie man ein Bad fliese, Farben mischte und Bodenplatten im Mörtelbett verlegte. »Sie sagen bitte keinen Ton, auch beim Segnen nicht«, hatte der grauborstige Filialleiter mir eingeschärft. »Am Portal weihen Sie die Eintretenden lustig und stumm, unsere Kunden verstehen das, wir sind eine Domstadt: Urbi et Obi!«

Frauen fiel das Lachen leichter als Männern, Älteren leichter als Jungen. Ein robuster Kurzärmeliger, mit geflügeltem Totenkopf auf dem Unterarm, bekreuzigte sich grinsend. Ich übte päpstliche Nachsicht und begab mich nach einer Stunde anderswohin. Zu meinen Aufgaben gehörte es, überall aufzutauchen, wo es überteuerte Sonderangebote gab. Ich tappte zu den kleinen hölzernen Gartenhäuschen, die am Rand des Parkplatzes aufgebaut waren, und spähte durch die Sprossenfenster, als sei das Innere sehenswert. Ich tätschelte Säcke mit Rasendünger, Mulch und Gartenerde.

Frank rollte heran mit seinem kleinen Gabelstapler, der Ameise. Ich balancierte auf den schweren Zinken auf einem Bein und ließ mich unter zaghaftem Applaus über den Kies steuern, bis Kinder gelaufen kamen. Frank musste stoppen; mitfahren durften sie nicht. Doch wie ein Rattenfänger konnte ich sie zu den Spielgeräten für den häuslichen Vorgarten mitnehmen, zu Stelzenhaus und Sandkasten, zum Spielturm mit der Rutsche, bei der Kleinkinder lernen konnten, auf dem Bauch liegend mit den Beinen voranzurutschen, und zur Doppelschaukel, wo ich Schwung geben musste. Die Eltern sollten diese in China gefertigten Geräte (»alles regional«) besichtigen und kaufen. In Wahrheit lieferten sie den störenden Nachwuchs nur ab, um Schrauben zu suchen oder in den benachbarten Supermarkt zu entwischen.

Derweil ließ sich meine charmante Frau bei einem Cappuccino in die Heilkraft idyllischer Gartenreisen einweihen. Es blieb das Dilemma unserer Ehe, dass sie als Ärztin das Geld verdiente, während ich als Kulturwissenschaftler in geistigen Sphären wirkte, aus denen sich kein Geld für die Miete zapfen ließ. Meine Forschungsergebnisse blieben nur für Auserlesene von Belang, und auch von denen hatte sich bisher keiner bedankt. Das Buch über erotische Schäferdichtung mit besonderer Berücksichtigung der Nachhaltigkeit sollte den Durchbuch bringen. Allerdings steckte ich gerade an einer schwierigen Stelle. Privatgelehrte hoffen insgeheim, dass ihnen irgendwann eine enthusiastische Witwe alle Liegenschaften vermacht. Dahin war noch ein weiter Weg. Währenddessen hatte ich Jobs zu bewältigen, die Claudia für mich auftrieb, den Anklatscher, den Liebesschlosstaucher, den Waldbadeassistenten. Jetzt war eine Rolle als Komparse in Aussicht, in Krischan Kochs Fredenbüll-Serie, nicht als Mörder, allenfalls als Opfer; aber auch als Statist hatte ich vor, mich in die Erinnerung der Zuschauer zu spielen.

Der Pager vibrierte in der rechten Bibertasche. Das war das Signal von Dagmar vom Infotresen. Ich war anderswo erwünscht, in weniger frischer Luft, jedoch fern von gellenden Kinderstimmen. Mochten sich die Kleinen selbstverantwortlich Schürfwunden holen. Der Sanitärbereich erforderte dringende Biberpräsenz. Sobald der Betrieb Fahrt aufnahm, musste ich dort auftreten, wo Kunden murrten, und sie murrten regelmäßig, weil zu wenig helfendes Personal sichtbar war. »Im Baumarkt arbeiten die, die als Kind beim Verstecken gewonnen haben«, stand auf einer gerahmten Karikatur im Büro des Filialleiters. »Erinnern Sie sich an ›Pacman‹, an das Spiel?«, hatte er gefragt. »Wo die Hauptfigur immer vor gefräßigen Gespenstern fliehen muss? Genauso sieht der Baumarktmitarbeiter die Kunden. Als nimmersatte Monster. Deshalb brauchen wir Sie, zur Besänftigung.«

In der Sanitärabteilung konnte ich scherzhaft vor Augen führen, welche Schwierigkeiten ein Biber mit Flachspülern hat. Angenäht an die Rückseite des Kostüms wippte ein s-förmiger Flachschwanz aus stoffbezogenem Hartgummi. Damit konnte das Sitzen auf einer Klobrille unmöglich gelingen, jedenfalls nicht so, dass die Schüssel von Nutzen sein konnte. Ich versuchte es und scheiterte immer aufs Neue. Die Stimmung der Wartenden lockerte sich. Ich griff nach einem Brett und kaute nagetiergemäß darauf herum, holte einen Schrubber und putzte die Raffzähne. Ich reinigte mit der Klobürste beide Ohren. Es war eine Vorstellung wie in der Manege. Das Publikum applaudierte. Der Beifall lockte andere herbei. Schließlich näherte sich sogar ein Experte fürs Sortiment. Ich durfte mich davonmachen, an die frische Luft der Gartenabteilung.

Als ich den Gang mit Trockenbaumaterial und Verputzerbedarf durchschlurfte, kam von nebenan, aus dem Gang mit der Binderfarbe, ein Geräusch, dessen Klang aus vergangenen Zeiten peinigend vertraut war. In den Jahren eigenhändiger Wohnungsumbauten hatte ich es zuletzt gehört: dieses allzu harte Aufsetzen eines bis zum Rand befüllten Plastikeimers auf gefliesten Boden, das satte, vom Schwappen gedämpfte Geräusch, dem der Schicksalslaut des Platzens folgte; so kurz und knapp, als wollte der Eimer selbst es geheim halten. Zu hören war nun, wie jemand hastig Eimer auf Eimer stellte, den Brucheimer also wieder im Regal verstaute. Feste Schritte entfernten sich rasch. Auf platten Biberfüßen vermochte ich nicht mitzuhalten. Als ich den Mittelgang erreichte und um die Ecke spähte, sah ich einen betont unschuldig davoneilenden jungen Mann mit Basecap. Sein sportlicher Gang erinnerte mich an – ich wusste nicht wen. Die Rückseite der dunklen Sweatjacke zierte das Wappen eines Sportvereins.

Sollte ich Detektiv spielen? Oder mich um den Farbeimer kümmern? Mein Kostüm bewahrte mich vor hilfreichem Zupacken. Als am Vormittag beim Abladen von Blumenerde eine Palette gekippt und ein Dutzend

Säcke geplatzt war, hatte es ausgereicht, dass ich in biblischer Verzweiflung die Hände rang. Anpacken und aufräumen mussten andere. Und jetzt würden in Gang 16 einige Liter mineralischer Wandfarbe sachte durch den Riss sickern und sich als Lache auf dem Deckel darunter verteilen, so unauffällig und langsam, dass dem nächsten Kunden eine glitschige Überraschung bevorstand.

Durch die Seitentür tappte ich hinaus in die grüne Luft des Gartenreiches. Umrahmt von Natursteinmäuerchen aus kontrollierten Steinbrüchen, waren umtriebige Frauen unterwegs, erwartungsfroh auf der Suche, zeitenthoben glücklich in diesem für sie erschaffenen Paradies. Fachfremde Männer trotteten demütig hinterdrein. Ihnen oblag es, die Wagen zu schieben oder Pflanzkübel anzuheben. Das Sortiment nahm sich bescheiden aus im Vergleich zu einem echten Gartencenter. Doch es gab Sonderangebote, fünfmal 45 Liter Erde für acht Euro, Tränende Herzen für vier, Clematis für drei, Sommerflieder im Doppelpack zu fünf Euro. Frauen jenseits familiärer Pflichten verfielen hier in einen Kaufrausch, wie ihn jüngere im Schuhgeschäft erlebten. Von Claudia hatte ich den Auftrag, Ausschau zu halten nach Kletterrosen und Steinkraut und Akelei. Unterscheiden konnte ich diese Pflanzen nicht; doch es gab lesbare Schilder. »Und falls es Tomatenpflanzen gibt«, hatte sie angefügt, »dann die Rispensorten, also Tommacio oder Maestria.« Ah ja.

Die Abteilung mit Nutzpflanzen für die selbstversorgende Biogärtnerin war stetig erweitert worden. Petersilie, Minze, Rosmarin, die Küchenkräuter, hatte es immer gegeben. Seit kurzem waren Gurken, Paprika und Chili zum Auspflanzen dazugekommen. Obendrein Sträucher, die schmal und platzsparend als Säulenobst gezüchtet waren: Braeburn, Kirsche, Aprikose, seit ein paar Wochen in der Exotenecke ergänzt um ausgreifende Bananenstauden.

Dorthin gelangte ich nicht mehr. Ich wurde auch nicht mehr gewürdigt als wohlwollendes Biberwesen. Es blieb keine Zeit. Gerade war hektische Aufregung entstanden. Die Quelle lag jenseits der Tomatenpflanzen, bei den winterharten Bananen, deren lappige Blätter im weißen Aprillicht schimmerten wie aus Polyester gegossen.

Dort musste etwas geschehen sein. Kultivierte Gärtnerinnen stießen ihre mit Töpfen bestückten Wagen beiseite und stoben fort. Einige kreischten. Eben noch gezügelte Ehemänner stolperten ungalant Richtung Ausgang. »Die springt!«, schrie eine belesen aussehende kurzhaarige Frau. »Die kleinen auch!«, rief eine andere. »Die greifen an!«, bellte ein feister Mann. »Alle raus, weg!« Er ruderte mit den Armen. Die Bewegung wuchs zur kopflosen Flucht, zu einer Panik, die an mir Plumpsack vorbei in Richtung Haupthaus strudelte. Ich stand verdattert da. Drinnen, jenseits der Automatiktür, setzte sich der Lärm gellend fort, echoverstärkt in der großen Halle.

Wenige Wochen zuvor war eine Campinggasflasche heruntergestürzt, das Ventil gebrochen, das Gas ausgeströmt. Der Baumarkt hatte geräumt werden müssen.

Das hier war etwas anderes. »Vogelspinne!«, keuchte der letzte humpelnd Fliehende, rotgesichtig unterm fettigen weißen Haupthaar. »Massenhaft Junge!«

Ich machte keinen Schritt mehr. Das war auch nicht nötig. Zwischen den Bananenstauden kam ein behaartes achtbeiniges Gruseltier hervorgekrochen, handtellergroß. Lauernd stelzte es wie ferngesteuert über den Sandweg in meine Richtung. Dahinter ließ sich eine Schar dunkler Punkte ausmachen, winzige Kopien des pelzigen Muttertieres. Waren sie in der letzten Nacht aus Kokons unter der Staudenrinde geschlüpft? Sie schienen bereits in der Lage, mit kleinen Zuckungen vorwärtszuhüpfen. Und jetzt richtete die Große sich auf und hob die vorderen Stachelbeinpaare. Wie zum Duell bereit verharrte sie, leise wippend, zitternd vor Spannung, und fixierte meine unförmige Erscheinung, den orangensaftfarbenen Biber, während ich die klobigen Füße in Zeitlupe rückwärtszuschieben versuchte, schurrend, kaum atmend, in Richtung Glastür, die hoffentlich von keinem schreckhaften Angestellten in wirrer Panik verriegelt worden war.

DER GRÜNE TIPP
Pflanzen aus dem Supermarkt

Wer Küchenkräuter im Gartencenter oder Supermarkt erwirbt, achtet auf taufrische Blätter von der Wurzel bis in die Spitzen. Rasch nach Hause gebracht, werden sie bald ausgepflanzt – gern in Tontöpfe, die etwas größer sind als die Plastiktöpfe, in denen sie gekauft wurden. Der erdige Wurzelballen soll beim Umpflanzen nicht auseinanderfallen. Pflanzenerde oder Rindenhumus, die den Torf ersetzen (minimiert den ökologischen Fußabdruck), werden gut angegossen. Eine behutsame Ernte kann gleich beginnen. Frostverträgliche Bananenstauden tragen schöne Blüten und ungenießbare kleine Früchte – beides leider erst nach dem fünften Jahr. Bis dahin schaffen sie Tropenflair bei Gärtnerinnen, die vom regionalen Trend die Nase voll haben. Nach der Fruchtreife sterben die Stauden ab, doch die Seitentriebe lassen sich neu auspflanzen. Sofern es sich um Biostauden handelt, kann Giftspinnenfreiheit nie garantiert werden.

4.

Gartenreisen

Das Offensichtliche verblasst hinter solchen Ereignissen. Die Aufmerksamkeit haftet am grellen, bewegten Vordergrund. Erst im Rückblick scheint es so, als sollte ich an dem Tag überdeutlich hingewiesen werden auf ein Geschehen, dass sich knapp außerhalb meiner Wahrnehmung abspielte, obgleich es mich dramatisch betraf.

»Sonst gab es doch immer nur Schildläuse!«, hatte Claudia herablassend geäußert, als sie mich endlich – als letzten überlebenden Helden – vom Hof des Baumarktes abholte, als schon kein Kundenauto mehr dort parkte, dafür zwei Löschzüge, ein Notarztwagen und drei polizeiliche Einsatzfahrzeuge, alle fluchtbereit mit laufendem Motor.

»Spinnmilben hattet ihr auch häufig«, fiel ihr ein. »Aber Vogelspinnen?« Sie schüttelte missbilligend den Kopf. Unter ihrer Leitung hätte es so etwas niemals gegeben. Ich fühlte mein lebensgefährliches Abenteuer zur Anekdote herabgestuft. Hatte ich nicht das pure Grauen erlebt, dem Horror standgehalten, dem Tod ins Auge geblickt und lebte noch? Falls sie dafür Dankbarkeit empfand, war davon nichts zu merken. Vielmehr schien sie ungehalten, dass sie so jäh aus ihrer entspannten Tour durch Ratzeburg gerissen worden war. Nach dem ausgedehnten Plausch im Reisebüro – einer Art zweitem Frühstück mit floristischen Phantasien – hatte sie gerade noch die Reinigung und den Uhrmacher abhaken können. Der Rest der Liste war unerledigt geblieben. »Im Hotel am See habe ich's nicht mal zur Rezeption geschafft, da hast du schon angerufen!«, klagte sie.

Ja, sicher, der Baumarkt war überstürzt geschlossen worden. Der Filialleiter hatte die verstörten Kunden noch zu besänftigen versucht – »Solche Tiere sind völlig friedlich, die sehen nur nicht so liebenswert aus!« – und jedem, dem Nerven verblieben waren, einen Geschenkgutschein aufgenötigt. »Und wichtig fürs Ökosystem sind die auch!«

Die Angestellten hatten freibekommen. Mir war der Tageslohn ausbezahlt worden, verbunden mit einer Belobigung: »Man hat mir erzählt, Sie haben das Tier draußen in Schach gehalten, bis der letzte Kunde in Sicherheit war!« Nun ja. Zunächst hatte ich mich vor Angst nicht bewegen können, dann war ich zitternd zurückgewichen und hatte der Spinne das Terrain überlassen. »Ich glaube«, sagte ich, »etwas Höheres hat durch mich gehandelt.« Er lächelte schief.

Mittlerweile durchstreiften behelmte Feuerwehrleute die Halle. Sie spähten in die Gänge, ob sich irgendwo eine übersehene Gartenliebhaberin unterm Giftbiss der Spinne krümmte, starrten durch die versiegelte Glastür ins bedrohlich gewordene Grün und zoomten auf die südamerikanischen Stauden, in deren feuchten Schatten sich das Schreckgespenst samt seiner zurückbeorderten Brut verkrochen hatte.

Ein spezialisierter Zoologe wurde mit Blaulicht aus Lübeck gebracht. Am Abend desselben Tages, vernahmen wir später, hatte er die Spinne lokalisieren und samt Sippschaft einfangen können. Es handelte sich um eine brasilianische Wanderspinne, weniger berühmt als die Vogelspinne, doch erheblich giftiger. »So eine spinnt keine Netze«, erklärte er. »Die geht auf die Jagd!« In einer mit feuchtem Vlies ausgekleideten Styrobox beförderte er das Tier mit Familie zur arachnologischen Gesellschaft, in deren mit Krabbeltieren überfüllte Terrarien. Die Bananenstauden, in denen die Spinne samt Gelege übers Meer gereist war, wurden zur thermischen Entsorgung verdammt. Gestalten in weißen Overalls und Atemschutzmasken hüllten Pflanzen, Wege, Steine, Beete in einen Sprühnebel, der eine siebentägige Schließung gebot. Die Kundschaft kehrte danach nur zögernd zurück. Meine Dienste waren bis auf weiteres entbehrlich.

»Du hättest wenigstens ein paar Rispentomaten mitnehmen können«, beschwerte sich Claudia auf der Heimfahrt in unser Dorf. »Tommacio, die Sorte, oder auch Maestria, das habe ich dir doch aufgetragen!« – »Waren beide nicht vorrätig«, behauptete ich. Sie saß am Steuer. »Und andere Sorten?«, forschte sie. Wir rauschten auf der Bundesstraße dahin unter Bäumen, deren bewegtes zartes Grün die Frühlingssonne durchblitzen ließ. »Habe ich mir nicht gemerkt, es ging zu schnell«, murmelte ich. Wir überholten einen Pulk funktionell gekleideter Radler. »Na, wenigstens kannst du dann heute Nachmittag Rasen mähen!«, freute sie sich. »Als Traumabewältigung«, fiel ihr noch ein.

Die Aussicht enthielt nichts Erfreuliches. In unserem schwedenrot gestrichenen Schuppen stand, wie in einem Museum des frühen Maschinenzeitalters, ein schlangengesichtiger John Deere, ein rumpeliger Aufsitzrasenmäher mit scheppernden Schermessern. Auf ebenem Terrain ließ sich damit eine Wiese einigermaßen erfolgreich rasieren. Das Kurven, Dröhnen, Rasseln konnte sogar zu einem bescheidenen männlichen Machtgefühl verhelfen. Doch besonders hinterm Haus war der Hang zu steil. Der Schwerpunkt des kleinen Treckers sollte das Umstürzen an solch heiklen Lagen verhindern; das hatte der Verkäufer versichert und verworren begründet. »Da müsste schon jemand mit einem stabilen Hebelarm kommen und am Unterboden ansetzen, dann könnte das Teil vielleicht kippen«, hatte er fröhlich gepoltert. Wir hatten in sein Lachen eingestimmt. Doch an unserem Hang verging dieses Lachen, mir jedenfalls, dem das Mähen als Heldentat zugedacht war.

»Was wolltest du im Hotel am See?«, fiel mir zur Ablenkung ein. Wir rollten an der Berkenthiner Schleuse über den Kanal. Die Brücke glänzte unter dem hellen Himmel. Angeführt von der Feuerwehrkapelle und einem unausgeschlafenen Minister hatten wir Landbewohner diese Brücke einst als erste beheizbare Überführung Deutschlands eingeweiht. Zur Rettung des Klimas war sie wenig später wieder zu winterlichem Überfrieren und Glatteisunfällen verurteilt worden.

»Du hast in diesem Jahr noch kein einziges Mal gemäht«, erwähnte Claudia.

»Der Rasen braucht Ruhe«, fiel mir ein. Den Satz hatte ich mal gehört.

»Ruhe hat er im Winter genug gehabt«, stellte sie klar. »Jetzt braucht er Pflege.«

»Und was wolltest du im Hotel?«

»In welchem Hotel?«

»In Ratzeburg, hast du erwähnt.«

»Habe ich das? Ach so, Hotel am See, stimmt, ja, ich wollte nach den Zimmerpreisen fragen, wegen Hammerstein, aber da hast du ja angerufen, wenigstens habe ich die Prospekte mit.« Ihre Jutetasche schien vollgestopft mit opulent gedruckten Gartenkatalogen und mit Faltblättern des Hotels.

»Hammerstein? Ich denke, der soll hier bei Bobitz wohnen?«

Hammerstein war mein Lektor, der unverzichtbare Garant für den Erfolg meines Werkes über alte erotische Schäferdichtung unter dem Motto: »Flink in jenes Rohsen-Läubgen, ich der Täuber, du das Täubgen!« Schäferdichtung *stammte* nicht von Schäferinnen und Schäfern, sondern *handelte* von Schäferinnen und Schäfern, von ihrer hundertprozentig biologischen Freizügigkeit. Das Werk musste einen tiefgrünen regionalen Nerv treffen. Damit Hammerstein das kapierte, hatten wir ihn aufs Land eingeladen, zu Abendessen und Weinprobe und rustikaler Übernachtung. Er kam aus der verdorbenen Stadt. Bei Bobitz in der Ferienwohnung über einem ehemaligen Stall würde er in gedüngter Luft und ökologischer Ruhe schlummern.

»Können wir ihm Bobitz wirklich zumuten?«, gab Claudia zu bedenken.

Wir hatten das eigentlich schon durchgesprochen. Ohne Zweifel ja! Wenn wir ihn betrunken gemacht hatten, würde er höchstens noch den Heebarg bis zur Dörpstraat runterwanken können und, von uns gestützt, um die Ecke die hundert Meter bis zum Ferienhof. Dieses Ensemble umgebauter Bauernkaten war zwar von niederschmetternder Ranzigkeit. Doch das würde Hammerstein im Promillenebel nicht mehr wahrnehmen. Zum Frühstück könnte er wieder zu uns kommen.

»Das Hotel am See ist weit weg und teuer«, sagte ich. »Wir müssten ihm ein klimaschädigendes Taxi spendieren.«

»Wir überlegen uns das noch«, meinte sie. »Denk dran, es geht um dein Werk.«

Als wir die Jutetaschen vom Carport zum Haus hochtrugen, über den im Halbrund geschwungenen Plattenweg, entlang an Claudias Lieblingsbeet mit den glücklichen Stauden und heiteren Frühblühern, deren Namen mir entfallen waren, schwebte von Osten ein regenbogenfarbener Kürbis übers Dorf: der erste Heißluftballon. Die Saison war eröffnet.

»Oh, das wollten wir doch auch immer machen!«, rief Claudia und setzte ihre Tasche auf einer bemoosten

Platte ab. Das Moos zu entfernen, gehörte zu meinen Aufgaben. Im Zeitalter des Barock, das ich gerade erforschte, war so etwas den Leibeigenen überlassen worden. »Hast du in Mölln angerufen?«, fragte sie. Hatte ich nicht. Am Flugplatz in Mölln residierte das Unternehmen mit den Ballonpiloten. »Ja, klar«, sagte ich. »Und es sieht gut aus, hat der Typ mir versichert, wir stehen auf der Warteliste ziemlich weit oben. Demnächst bei guter Wetterlage und bei stabilem Wind rufen sie an. Das kann um sechs Uhr morgens sein. Wir sollen uns kurzfristig bereithalten.«

»Oh, da freue ich mich. Danke, Dietmar, dass du das nicht vergessen hast!«

Na gut, ich könnte heute noch anrufen oder in den nächsten Tagen und uns tatsächlich auf die Liste setzen lassen. Angeblich musste man am fraglichen Tag dann mit anpacken beim Ausrollen der Ballonbahnen und beim Aufstellen der Gondel und beim Ausrichten des Ventilators, der Kaltluft in die Hülle blies, oder man musste helfen, den Brenner in den Korb zu heben. Mit solcher Plackerei und ausgiebigen Sicherheitshinweisen war der Hauptteil der Reise wahrscheinlich schon erledigt. »Man soll auch ein Papier unterschreiben, dass man selbst schuld ist, falls der Korb bei der Landung kippt und alle auf einen draufpurzeln«, erwähnte ich. »Auch falls man überhaupt nicht landet, sondern in einer Stromleitung hängen bleibt.«

»Als ich dich kennenlernte, warst du ein Abenteurer«, erinnerte sie sich. Nun gut, ja, im Roten Meer hatten wir getaucht, zwischen Rifflandschaften und Korallengärten; ein überwachsenes Wrack hatte da auch gelegen. Aber das war lange her.

Claudia hatte den Kopf in den Nacken gelegt und staunte gebannt nach oben. Ohne das geringste Geräusch, wie an unsichtbaren Schnüren durchs Blau gezogen, schwebte der Ballon über die Wipfel der Eichen heran. »Majestätisch«, flüsterte sie. »So den Boden unter den Füßen verlieren und im Himmel schweben, das muss wie Sex sein, so sanft, und dann immer aufs Neue angefacht, so hitzig, mit diesen wuchtigen Feuerstößen.«

»Manche fangen auch ganz und gar Feuer«, flocht ich zur Ernüchterung ein. In den Nachrichten hatte ich mal so einen lodernden Absturz gesehen.

»Oh ja«, seufzte sie.

Seit ich an dem Buch über erotische Schäferdichtung arbeitete, waren wir nicht mehr ganz so aktiv gewesen. Mir machten die frivolen Beschreibungen und die frechen Verse ausreichend Spaß. »Und so schob ich denn mein Fläschgen langsam in ihr Hirtentäschgen«, hatte Paul Gerhard gedichtet. Mir genügte so etwas als Kitzel. Ihr möglicherweise nicht.

Der Ballon glitt so nah über unser Grundstück, kaum zweihundert Meter hoch, dass die Köpfe der Passagiere überm Rand des Korbes zu erkennen waren. Diese Leute mussten umgekehrt einen ungestörten Blick auf uns haben, die wir perspektivisch verzwergt hochstarrten, wie die Figuren einer Modelleisenbahn in einer lieblich bestreuten Frühlingslandschaft.

»Die fotografieren uns«, fiel mir auf. Aus der Gondel hatte es dreist und überflüssig geblitzt.

»Weil unser Grundstück das schönste am ganzen Heebarg ist«, sagte Claudia stolz.

»Dank deiner Fürsorge«, trug ich bei. »Dank deiner Hingabe!«

Die parkähnliche Anlage, fast dreitausend Quadratmeter, hatten wir zwanzig Jahre zuvor von einem seufzend ausziehenden Ehepaar übernommen: Der Mann liebte den Garten, die Frau zog das Haus mit dem Fernseher vor und sehnte sich zurück in die Stadt.

Die Hobbyfotografen oben blitzten wieder. »Die wissen nicht, wie man den Flash ausschaltet«, stellte ich fest.

»Es ist eine Schande, dass du den Rasen nicht gemäht hast«, fiel Claudia auf.

»Das Wiesenhafte hat einen ganz eigenen Charme!«, fand ich.

»Ein gesunder Rasen braucht jetzt einmal pro Woche einen Schnitt«, sagte sie. »Sonst sieht er löcherig aus, wie jetzt schon, und das wird immer schlimmer.«

Wir hatten durchaus noch Gras, an mehreren klar identifizierbaren Stellen. Doch ein großer Teil des Grüns bestand mittlerweile aus Moos. Dazu gab es übermütig wuchernde Wildkräuter, Klee und Löwenzahn, Gänseblümchen und zähen Wegerich, nebst einigen Rispen, die man im Falle einer Hungersnot vielleicht essen könnte. »Kennst du das Rasenstück von Dürer?«, fragte ich.

»Ich kenne einen Rasen, der langsam aber sicher verwahrlost«, antwortete sie.

»Von oben sieht man das nicht«, sagte ich. »Die Leute achten nur auf dein Beet.«

»Um diese Wiese zu übersehen, sind sie nicht hoch genug. Die streifen gleich die Grasspitzen.«

Tatsächlich trieb der Ballon angesichts des bewaldeten Hügelkamms, der unser Wochenendgebiet nach Westen begrenzte, beunruhigend tief. Als hätte der Pilot uns gehört oder genug gesehen, ließ er den Brenner fauchen. Einmal, zweimal fackelten gewaltige Flammen wie Drachenatem in die bunte Hülle, ohne sie in Brand zu setzen. Belebt von der feurigen Luft, gewann der Ballon an Höhe. Gemächlich, würdig, stolz erhob er sich in den Glanz der spätnachmittäglichen Sonne, die unsere Veranda um diese Stunde schon nicht mehr erreichte.

»So ein kleines bisschen verwahrlost ist Trend«, traute ich mich zu erwähnen. »Die Wildkräuter wollen sich nicht länger unterdrückt fühlen. Denk an Sissinghurst!«

Das war ein englischer Garten südöstlich von London, den wir im Vorjahr besichtigt hatten. Die einspurigen Straßen in Kent, die Single Track Roads, waren von hohen Hecken überwölbt gewesen. Ich hatte mich ans Steuer setzen müssen und war jedem entgegenkommenden Wagen ängstlich zur Seite ausgewichen, immer halb in die Hecke, so dass Claudia auf dem Nebensitz aufschrie und dem lärmenden Prasseln des Blattwerks auf Dach und Scheiben ausgesetzt war.

Auf dem Parkplatz hatten bereits am frühen Morgen die Busse geparkt. Die Anlagen waren enttäuschend klein und durch mickrige Eibenhecken getrennt. Aber ein weißer Garten blieb in Erinnerung, in dem Rosen und Anemonen, Clematis und Tränende Herzen blühten, alle in subtilen Schattierungen von Weiß. Dann gab es noch einen Kräutergarten, in dem es nach Thymian duftete. Vor allem aber hatte uns der gewollte Wildwuchs verwundert. Personalmangel mochte ein Grund dafür sein, oder ein ökologisches Lehrstück sollte erteilt werden. Alle Anlagen waren überwuchert und schienen zurückzukehren zur ursprünglichen Wiese. So eine Lektion zu erteilen, war ich auch in der Lage.

Der Ballon schwebte über den dämmerigen Waldrand davon nach Westen, über die Felder und Knicks und Hochstände und Waldstücke nach Bergrade, Klinkrade, Sierksrade, wohin der Wind ihn trieb. Wir tappten die wacklige Holztreppe zur Veranda hinauf.

»Der Spätnachmittag ist die ideale Zeit zum Mähen«, erklärte mir Claudia. »Aber da du Sissinghurst erwähnst, habe ich eine Überraschung für dich«, sagte sie. »Drei Monate Eremitage in Hawkstone sind möglich!«

»Was? Drei Monate gleich?!« Hawkstone lag in der Mitte zwischen Birmingham und Liverpool. Der Park war mir gut in Erinnerung.

»Das haben sie mir im Reisebüro gesagt, kostet nur zwanzig Euro am Tag, man muss sich lediglich rechtzeitig melden.«

Mitten in dem weiten beschwingenden Landschaftspark hatte es ein bescheidenes reetgedecktes Einsiedlerhäuschen gegeben. Nach all den bunten Pfaden mit den Ausblicken in blendende Unendlichkeit hatte mich die Kate angezogen wie ein beruhigendes Refugium. Sie war unbewohnt gewesen bei unserem Besuch. Im 19. Jahrhundert hatte der englische Landadel Eremiten angeworben, um das romantische Bild zu vervollständigen. Warum nicht jetzt? »Hier könnte ich es eine Weile aushalten«, hatte ich geäußert. »Dachte ich mir«, war Claudias ein wenig gekränkte Antwort gewesen. Aber sie kannte Dürers ›Hieronymus im Gehäus‹, das ich überm Schreibtisch hängen hatte; und sie wusste, dass Spitzwegs idyllische Eremiten zu meinen Helden gehörten.

Als wir Shropshire verlassen hatten, um weiterzureisen in die blühenden Grafschaften südlich von London, war mir das Einsiedlerhäuschen schmerzlich in Erinnerung geblieben, wie eine vertane Chance. Und dann war plötzlich doch etwas aus diesem Tagtraum geworden: in Painshill Park. Claudia hatte einen Mann vom National Trust angesprochen, einen smarten athletischen Ranger, und hatte ihm die Erlaubnis für mich abgerungen. Den Einsiedlerraum in der kleinen bewohnbaren Ruine hatte er mit wenigen Handgriffen hergerichtet. Dort zog ich ein. Das gebuchte Doppelzimmer im Parkhotel bewohnte Claudia nun allein. Ich lag beglückt in der Ruine. Es war ein bisschen wie Camping, jedoch romantischer, geistvoller und auch ein bisschen gruselig. Auf den Strohmatten unter Filzdecken schlief ich verblüffend gut. Am Morgen wanderte ich eremitenhaft ungewaschen zum Frühstück ins Hotel. Der Ranger beglückwünschte mich herzlich zur gelungenen Probe. Claudia hatte vielleicht weniger gut geschlafen. Sie machte einen heiteren, aber erschöpften Eindruck.

»Drei Monate sind möglich«, sagte sie jetzt. »Der Handyempfang in der Klause soll erstklassig sein.«

Doch zunächst kam etwas dazwischen: Luftaufnahmen, die ich wenig später zu sehen bekam. Und natürlich der Mord.

DER GRÜNE TIPP
Rasenpflege

Auch fürsorglich behandelter Rasen wirkt nach dem Winter strapaziert, matt und vermoost. Zunächst bringt das Mähen ihn auf eine einheitliche Länge. Dann wird er abgeharkt. Filz, Moos, alte Halme bleiben in den Zinken hängen. So bekommen die Wurzeln Luft. Wer einen Rasen auf die feine englische Art erleben will, greift noch zum Vertikutierer, aber sanft. Das ist ein Peeling für den Rasen. Er sieht anschließend bemitleidenswert aus, regeneriert sich jedoch rasch und wächst erfrischt nach. Organisch-mineralischer Dünger, sachte und regelmäßig ausgebracht, unterstützt ihn. Über braunen Stellen und Löchern kann nun noch nachgesät werden. Und ein paar Wochen später ist der Rasen herrlich dicht und sattgrün. Darauf freuen sich auch zuwandernde Maulwürfe. Herzlich willkommen!

5.

Legal Highs

Mensch, ich hab von eurer Spinne gehört«, jammerte
Micha. »So was lässt man doch nicht weglaufen!« Er
klatschte sich mit der flachen Hand an den Dickschädel,
um aus seinem Frontallappen noch einen Funken Ver-
ständnis zu schlagen. Vergeblich. »Manno, ich kapier's
nicht. Bestes De-Em-Te lässt der entwischen!« Um richtig ärgerlich zu werden, war Micha zu behäbig. Doch die
versäumte Gelegenheit wurmte ihn. »Du hättest sie doch
nur einfangen müssen! Mit so einem Greifarm, Spider
Catcher oder so, das habt ihr doch!«

»Hatte ich ausnahmsweise nicht zur Hand.«

»Kommst du denn noch mal ran, an so eine? Dann
wäre ja alles gut.«

»Nächstes Mal bringe ich sie mit!«, versprach ich.

»Oh, bitte! Die haben doch dieses Sekret, und richtig
viel davon! Dann kann ich mir das Wasping sparen. Was
glaubst du, warum da ein Forscher extra aus Lübeck an-
reist und die ratzfatz einkassiert!«

Seit ich Micha kannte, in den dreizehn Jahren, in
denen wir unser Wochenendhäuschen bewohnten, hatte
er zufrieden auf dem zweihundertjährigen Bauernhof

seiner Eltern und Ahnen gelebt, ganz für sich allein. In dieser Zeit war er immer rundlicher und immer gutmütiger geworden. Das Land war verpachtet, die Wohngebäude blieben ihm. ›Der Herr bewahre dieses Haus‹, stand in verwitterter Kerbschrift auf einem Eichenbalken über dem Hauseingang. Und darauf verließ er sich: dass eine höhere Macht das Bewahrenswerte – sein Zuhause – beschützte. Deshalb störten ihn weder leckende Dachrinnen noch vom Wind gelockerte Ziegel noch Löcher im bröckelnden Putz der Remisen.

Mein Fahrrad hatte ich vorsichtshalber nicht an den Lattenzaun gelehnt, der von Jahr zu Jahr lückenhafter wurde. Die Pfosten, noch von Michas Großvater gesetzt, neigten sich in einem Maß, dass sie eine unerwartete Last kaum verkraften würden. Doch die Wegbeläge aus Klinker und die Beeteinfassungen hielten stand, ohne dass jemand sich um sie kümmerte, und die Forsythien blühten freiwillig, der Holunder trieb aus, und die Sperlinge freuten sich über die Vogelscheuche, die Micha ihnen aus einem Lattenkreuz und dem Regenmantel seiner Mutter errichtet hatte, im Vorjahr zum 20. März, dem Weltspatzentag. Den fröhlichen Reißverschlussmund und die Knopfaugen verdankte die Vogelscheuche der Fußpflegerin und Waldbadetherapeutin Astamaya. Mit ihr arbeitete Micha bisweilen zusammen; auf welch drastische Weise, davon ahnte ich bei diesem Besuch noch nichts.

Nach dem Tod der Mutter hatte Micha sich zunächst mit leidlichem Geschick um die Erhaltung des Hofes bemüht. Bald war ihm das Vorgaukeln bäuerlichen Interesses zu mühsam geworden. Er hatte Bedeutenderes zu tun in der allmählich zum Labor sich wandelnden Küche und in den sonnig temperierten und ausgeleuchteten Kellergelassen.

»Wir kriegen Besuch«, teilte ich ihm mit. »Da brauche ich was Lustiges. Uns ist inzwischen eingefallen, wir wissen nicht mal, ob der Alkohol trinkt, der Mann.«

Hammerstein trat stets bedenklich gesund und rosig auf. Sooft wir uns trafen, hatte er mir Konditionstraining und Pilates empfohlen sowie morgendliches Kaltduschen. Er selbst beherzigte das. Bei jedem Wetter jagte er mit dem Rennrad in den Verlag, dreimal wöchentlich trabte er um die Außenalster, die Runde zu acht Kilometern. Den letzten Marathon hatte er unter drei Stunden geschafft.

»Stecknitzköm ist vielleicht nichts für den.«

»Siehst du, da hätten wir jetzt deine Bananenspinne gebrauchen können«, seufzte Micha. »Aber du musstest sie ja entwischen lassen.«

»Passiert nicht noch mal. Jetzt weiß ich ja, wo die Biester wohnen.«

»Sind keine Biester!« Für einen Moment spähte Micha entrückt durchs alte Fenster mit den gusseisernen Sprossen in den windigen glitzernden Frühlingstag, ins silbrige Zittern der großen Pappeln, hinter denen Finn und seine Schwester im Vorjahr ihre Antikscheune eröffnet hatten. »Will Claudia noch kommen?«, fragte er.

»Die fotografiert alte Kirchen, für die Ausstellung.«

Wir waren unter uns.

»Also, gut, exakt diese Bananenspinnen haben es.« Er schnalzte mit der Zunge. »De-Em-Te im Sekret, das halluzinogene Alkaloid. Daraus hätte ich euch was gekocht, anteilig, und dann kostenlos.«

Wir saßen auf dreibeinigen Buchenschemeln neben dem urgroßelterlichen Herd, der mit Holz befeuert werden musste. Es gab auch einen von der Hofseite angebauten Backofen mit Feueröffnung zur Küche, den Michas Großmutter noch genutzt hatte; der Rauchfang diente jetzt als origineller Tresor.

In seinen ehrgeizigen Jahren hatte Micha an der Wohnstubenwand alte Schablonenmalereien freigelegt und zu restaurieren versucht. Als ich ihn kennenlernte, war er noch dabei, die ursprünglichen Lehmwände der Küche mit einer Kalkputzschicht zu überziehen. Doch mit der Zeit traten gelbliche Verfärbungen zutage, von Salzen im Gestein, die zu überstreichen er sich nicht mehr die Mühe machte. Stattdessen entdeckte er sie als analoges Entertainment.

»Die verwandeln sich, du! Die werden zu Figuren, Mann, die tanzen! Das ist wie bei einem Anime, wenn du was geraucht hast, das ist ganz großes Kino!«

Von den Wänden und Regalbrettern funkelte allverzeihend das Kochgeschirr seiner Ahnen. Die musealen Tiegel, Kessel, Durchschläge, Kübel aus Kupfer, Mörser aus Bronze und Milchtöpfe aus Emaille hatte er behutsam ergänzt um Erlenmeyerkolben, Bunsenbrenner, Destillationsaggregate und bewusstseinserweiternde Zutaten, die sich in zwiebelgemusterten Steingutgefäßen verbargen. Deren schnörkelige Aufschriften gelobten in aller Unschuld Mehl, Sago, Linsen, Thee, Kaffee, Cacao, Zucker und Salz.

Jetzt war er dabei, getrocknete Blätter zu zerkleinern, mit einem Wiegemesser seiner Ururgroßmutter. »Habichtskraut, Stachellattich und ein bisschen Katzenminze für meine Mischung Nummer sieben«, erklärte er. »Kannst gleich was mitnehmen.«

»Damit ich teste?«, argwöhnte ich. »Und dem Notarzt darf ich nichts verraten?«

»Himmel, nein, du Memme, das Rezept stammt aus der Hansezeit. Das Zeug hat schon Störtebeker geraucht. Die Alchimisten haben es später verfeinert. Und in meiner behutsamen Abwandlung ist die Nummer sieben die begehrteste Mischung am Rosenhof. Die Omas und Opas sind begeistert, falls ihnen das Personal nicht alles wegraucht.«

Als gelernter Altenpfleger hatte Micha in verschiedenen Ruhesitzen, Domizilen und Wohnparks Dienst geleistet. Jetzt sprang er tageweise als Vertretung ein, wenn seine Kraft und Zuwendung in der Villa Kastanie in Bergrade, in der Villa Ahorn in Labenz oder im DRK-Heim in Berkenthin benötigt wurden. Vor allem aber versorgte er die Seniorenresidenzen im Kreis mit seinen rein biologischen Mischungen aus regionalen Kräutern, »alles Demeter, alles Legal Highs«.

Für die Flower-Power-Veteranen und für das Stecknitzfest mischte er ungefragt noch Indica, Sativa und

Haze in die Tüten. Das war nicht hundertprozentig gesetzeskonform, jedoch zukunftsträchtig in einer Gegend, in der Borreliose die meist verbreitete Infektion war. Bei Micha selbst waren nach einem Zeckenbiss die hartnäckigen Bakterien nachgewiesen worden. Laut gängiger Rechtsprechung war ihm damit der Anbau zum Selbstverbrauch gestattet. Mit einem Grow-Zelt hatte er angefangen, noch zu Lebzeiten seiner Mutter. Bald darauf hatte er auf seinem Hänger Diamond Boxes aus Holland geholt, die er der vergreisenden Dame als beleuchtete Duschkabinen vorstellte. Später, als sie lauter strebsame Pflänzchen in den Kabinen entdeckte, hielt er die Wahrheit nicht länger zurück. Einem Städter hätte er die Schößlinge vielleicht als Tomatenzucht anpreisen können. Die bäuerliche Mutter freute sich und ließ sich das schmerzstillende Cannabidiol auf der Zunge zergehen.

Mittlerweile war seine Plantage im gefliesten Keller mit einer intelligenten Hydroanlage ausgestattet, die das duftende Pflanzenreich bedarfsgerecht mit Wasser und Dünger versorgte. Helles Licht aus Natriumdampflampen, von Reflektoren vervielfältigt, besonnte den saftigen Dschungel. Alle drei Monate war Ernte. Neun dunkelgrüne Kilo standen derzeit auf dem Halm. Eine Razzia hatte nie stattgefunden, was der trägen Toleranz im Kreis und den genussfreudigen Verwaltern zu danken war. Und jetzt war sie nicht mehr zu befürchten, da das Bundesland die Hoheit über die Legalisierung erstritten hatte und ein förderlicher Gesetzentwurf vorlag.

»Also, gut, ich teste deine Nummer sieben«, versprach ich. »Aber ein bisschen Gras wäre gut, und wenn Hammerstein penibel ist, braucht er zum Dampfen noch einen eigenen Vaporizer.«

Als ich mit dem Glückspäckchen aufbrach, winkte Micha mich noch zur Hintertür. Dort war sein Krötengarten entstanden. Im Schatten der drei wuchtigen Hauseichen, am Rand eines veralgten Teiches hatte er aus Terrakottascherben und ausgemusterten Blumentöpfen kleine Krötenhäuschen erbaut, ein beschauliches Hobbitdorf. Wenn nur nicht die Bewohner gewesen wären! Da hockten sie mit pochenden Flanken, plump und schmierig, zwei schoben sich übereinander, andere verharrten glubschig.

»Und das ist die wichtigste«, raunte Micha feierlich, »das ist die Aga!«

Zuerst konnte ich nichts ausmachen auf der feuchten braunen Erde, halb unter dickblättrigem Kraut mit blasslila Blüten. Aber, oh ja, da hockte in grässlicher Würde eine bullige Kröte, groß wie mein Turnschuh.

»Das ist die Aga«, wiederholte Micha. »Die habe ich aus Barbados bekommen, zwei Verwandte von ihr hocken links unterm Ehrenpreis.« Ehrenpreis? Widerstrebend folgte ich seinem Blick in den Schatten unterm fettgrünen Gewucher. Da äugte und pumpte was glitschig Amphibisches. »Drei gesunde Exemplare!«, rühmte Micha.

»Da kann ich nur gratulieren«, fiel mir ein. Ich wandte den Blick ab. Ehrenpreis; davon hatte ich immerhin in einem barocken Schäfergedicht gelesen: »Schon zielt sein blühend' Gernegroß mitten in ihr Muschelschloss, gleich wird sie froh mit ihrem Rücken den grünen Ehrenpreis zerdrücken.« War am Ende nur eine Kröte gemeint?

»Du kennst das Geheimnis?«

Ich schüttelte matt den Kopf.

»Wenn du der *ein*mal über den Rücken leckst«, flüsterte Micha, »dann bist du so high, das vergisst du nie wieder!«

»Nein, bitte!« Ich verzog das Gesicht.

»Mann, das ist legal, und es ist hundertprozentig natürlich!«

»Micha, wirklich, das muss ich nicht haben.«

»Aber vielleicht mag euer Besuch das, wenn der die Natur liebt! Die Aga hat dasselbe Alkaloid wie deine Bananenspinne! Und wenn du nicht lecken magst, dann kannst du sie melken. Das ist lebendige Ökologie. Willst du nun das Klima schützen oder nicht?«

»Das hat doch damit nichts zu tun!«

Aber es hatte damit zu tun, wenn auch auf ganz andere Weise, auf tödliche Art, doch das sah ich an jenem Tag nicht. Ich übersah ja nahezu alles. Ich starrte nur auf diese fetten, saurierhaft anmutenden Kröten, die hervorgekrochen schienen aus dem Sumpf eines verwesenden Jurassic Parks. Meine Eingeweide zogen sich zusammen. Hoffentlich enthielt seine Mischung Nummer 7 keine Agamolke.

Micha hatte zylindrische Solarleuchten in den Boden gesteckt. Mit dem gesammelten Tageslicht lockten sie bei Nacht Motten und Käfer an, auf dass den Kröten der Tisch reich gedeckt wurde. »Für die Anlage bekomme ich ein Biosiegel!«, freute er sich.

»Wir verleihen es dir beim Stecknitzfest!«, gelobte ich im Gehen. Ich fühlte mich geschwächt. Mein fluchtartiger Abschied erstaunte ihn. »Übrigens ist Dora gestorben, die Bockelmann«, rief er halblaut hinter mir her. »Neunundneunzigeinhalb! Die Möbel sind schon bei Manu!«

Mir war zu Ohren gekommen, dass es im Landkreis Wetten gegeben hatte, ob die Rote Dora die Hundert schaffen würde; allerdings wusste ich nicht, dass Micha in die Wetten investiert hatte, auf zweierlei Weise.

Die Möbel standen also bereits in der Antikscheune. Manu war Finns Schwester, zwei Jahre jünger, weniger strahlend und erkennbar unsportlich, jedoch klug, hilfsbereit und bildungshungrig. Mit Finn zusammen – zunächst unter seiner Leitung – betrieb sie den Handel mit ländlichen Antiquitäten. Die Idee war den Geschwistern gereift, als sie ›Bares für Rares‹ gesehen hatten, insbesondere die Folge, in der Berkenthins Lokalhistoriker Knaup ein antikes topographisches Blatt des Stecknitzkanals veräußert hatte. Das Pergament war in der mittleren Hansezeit von Hand bemalt worden und bis auf einen öligen Fleck bestens erhalten. Es war eine anrührende Flur- und Gewässerkarte, von der rätselhaft blieb, wie sie in den Privatbesitz des pensionierten Beamten gelangt war.

Finn und Manu jedenfalls hatten sich inspiriert gefühlt. Aus den Auflösungen ländlicher Wohnungen und ganzer Höfe trugen sie rasch ein ansehnliches Sortiment zusammen, das über bloßen Trödel hinausging: bemalte Buffetschränke, eisenbeschlagene Truhen, knarzende Scherenstühle, wurmstichige Vitrinen, eichene Nachtkästchen mit schweren Marmorplatten, Lampen, Glas und Teppiche, auch Lustiges wie Kleidung aus dem Fundus eines stillgelegten Theaters (ein Nachtwächtergewand, eine Ritterrüstung, mönchische Kutten, ein Clownskostüm), Tischuhren mit allegorischen Porzellanfiguren und Ölgemälde mit ländlichen Szenen sowie nun von Altkommunistin Dora Bockelmann ein ganzes Biedermeierwohnzimmer.

»Der ist wahrscheinlich nicht echt«, wiegelte Manu ab, als ich die feine Maserung eines Sekretärs aus Doras Nachlass bewunderte. Die Verstorbene, wurde erzählt, hatte bis zuletzt daran gesessen und nimmermüde die Liebesbriefe ihres achtzig Jahre zuvor in Russland verschollenen Verlobten aufgesogen. »Gut gemacht ist der aber«, gestand Manu zu, »selbst wenn er nur nachgeahmt ist.«

Sie wischte sich die Hände am Kittel ab. Ein Aroma aus Schellack, Benzoe und Verdünner umgab sie. Ich kannte den Duft aus den ersten Jahren mit Claudia. Da hatten wir von den Bauern aussortierte alte Möbel gekauft, die sie restaurierte und neu bemalte. Einige zierten jetzt unser Häuschen. Und nun hatte Manu sich die wichtigsten Techniken des Ablaugens, Wachsens, Polierens angeeignet, neben einem beeindruckenden Wissen über Antiquitäten.

»Ich wollte nur mal reinschauen«, sagte ich, »ich bin auf dem Weg hoch zur Kirche.«

»Zur Kirche?«, fragte sie verwundert und, wie mir jetzt rückblickend scheint, mit einem beunruhigten Blick auf ihr Smartphone.

»Claudia fotografiert den Hochaltar für die Ausstellung und das Baumstammkreuz und den schwebenden Engel«, erzählte ich. »Und den alten Beichtstuhl natürlich. Wegen des Jakobswegs in Norddeutschland, weißt du ja.«

Manu nickte. »Ich dachte, sie hätte längst alle Bilder beisammen?«

»Das Licht war nicht immer richtig, es soll ja ein bisschen transzendent wirken, da ist sie eigensinnig und Perfektionistin. Jedenfalls ist es gut, dass ich eure Ausstellung hier sehe. Wir bekommen Besuch, und eure Antikscheune ist nach Kirche und Schleuse inzwischen die dritte Attraktion in Berkenthin.«

»Im Publikumsinteresse die erste!«, lächelte sie. Ihre Zähne standen ein wenig schief, doch sie strahlte eine gewinnende Wärme und Zuverlässigkeit aus. Dachte ich damals.

Rund um die Antikscheune hatte Finn einen bunten Bauerngarten angelegt. Neben dem Tor hing ein Insektenhotel, von Manu aus Fichtenholz gezimmert. Wildbienen und Wildwespen sollten angelockt werden. Noch regte sich nichts in den Nistkammern aus Lehm, Schilf und Ziegeln. Doch beim Anblick all der heiteren Blumen und glücklichen Insekten mussten die Kunden den

Eindruck von der völlig Unschuld des Antikenhandels gewinnen.

Oder wurden die Wespen von Manu und Finn hier nur angelockt, damit Micha ihnen das halluzinogene Gift abmelken konnte? Hatte er nicht von Wasping geredet? Es schüttelte mich.

Der Radweg führte zwischen Buchenhecken entlang und am Gasthof Meier vorbei, hinauf auf die ehrgeizig geschwungene Fußgängerbrücke. Schnaufend gelangte ich zur Brückenmitte und hielt inne, als wollte ich den Ausblick genießen. Keine Motorjacht, kein Lastkahn kam in Sicht; das Kanalwasser lag glatt und still. Dann ging es abwärts. Der Schwung reichte für die ersten Meter des Hügels auf der anderen Seite. Hinauf zur matronenhaften Kirche musste ich schieben. Von ihrem rundkuppigen Hügel, umgeben von uralten Gräbern mit verwitterten Steinen, überwachte sie als fromme alte Gouvernante Dorf und Kanal.

Pfarrer Geissler, ein hagerer Mann mit verwuscheltem Grauschopf überm zerfurchten Gesicht, schloss gerade die Tür ab.

»Oh, ist meine Frau schon fertig mit den Fotos?«

Er musterte mich mit einem undeutbaren Blick und nickte verhalten. Ich hätte ihn wohl erst grüßen sollen. »Wenn man es so ausdrücken will – ja«, antwortete er, ein wenig ablehnend, wie mir schien.

Vielleicht hatte Claudia es versäumt, ihn selbst als spirituellen Schrankenwärter des norddeutschen Jakobsweges abzulichten. Oder seine Verstimmung war nicht

aktuell; er hatte sich einfach nur eingerichtet in der Ent-
täuschung aller evangelischen Pfarrer, dass man sie in
Glaubenskrisen nicht um Rat bat. Dass Glaubenskrisen
nicht mal mehr vorkamen.

Zu Beginn hatten wir aus Höflichkeit und um in den
Geist der Gegend zu finden, ein paar Gottesdienste besucht, mit einem halben Dutzend anderer freiwilliger
Zuhörer nebst einer kleinen Schar duldsamer Konfirmanden. Bis wir gemerkt hatten, dass diese graue Ein-
stimmung dem ganzen Sonntag das Licht nahm. Pfarrer
Geissler musste nacheinander in drei Gemeinden pre-
digen, an jedem Sonntag, vor durchschnittlich elf Besu-
chern.

»Ich wollte beim Ausleuchten helfen«, erklärte ich.

Er schüttelte den Kopf und beäugte mich mit profes-
sionellem Mitgefühl. »Stimmt es«, fragte er dann, »dass
deine Frau früher Möbel restauriert hat?«

Die Frage kam überraschend. Aber ja. »Das stimmt.
Nur ist inzwischen wohl Manu die ausgewiesene Exper-
tin.«

»Ich würde gerne auf Claudias Kenntnisse zurück-
greifen«, stellte er klar. »Es geht um den alten barocken
Beichtstuhl. Der müsste sehr behutsam wiederherge-
stellt werden, vor allem die Trennwand, und das am besten noch vor dem Stecknitzfest.«

»Ich kann es ihr sagen.«

»Sie wird es sicher günstig machen«, meinte er ein
wenig zu anmaßend.

»Übrigens Barock«, flocht ich ein, »darüber schreibe

ich gerade ein Buch. Über die Schäferliteratur, die ja so ein bisschen frivol ist, aber bio.«

Er nickte, als habe er von mir ohnehin nichts Vernünftiges erwartet, zog den Schlüssel ab und wandte sich dem stattlichen Pastorat zu, in dem er mit seiner Frau lebte. Die Kinder waren längst weggezogen. Rund um Kirche und Pastorat war der Rasen frisch gemäht. Hatte er das selbst getan? Ein Spaten steckte in einem frisch aufgeworfenen Beet. Der Anblick kam mir vor wie eine lutherische Ermahnung. Ja, gut, Zeichen verstanden. Ich würde den Aufsitzrasenmäher anwerfen, falls mir nicht bald ein Ersatzmann einfiel.

»Ich sehe, die Gemeinde wird noch ein Apfelbäumchen pflanzen?«, neckte ich.

»Wir legen einen Klostergarten an«, erläuterte er seriös. »Nach alten Vorgaben. Inzwischen steht ja fest, dass Hildegard von Bingen auf einer Missionsreise hier übernachtet hat.«

Davon hatte ich noch nicht gehört. Wahrscheinlich hätte es im Anzeigenblatt gestanden, das jeden Mittwoch unseren Briefkasten verstopfte und das wir nur zum Kaminanzünden benutzten.

»Dann baut ihr Heilpflanzen an und braut Kräuterschnaps nach Hildegards verschwundenen Rezepten und eröffnet einen Onlineshop?«

Er war nicht in lustiger Stimmung. Sein Blick wanderte zum Horizont, wo klein wie Stecknadelköpfe und fast schon im Jenseits zwei Heißluftballone schwebten.

»Du sagst ihr das mit dem Beichtstuhl, ja?«

»Was soll sie denn tun?«

»Die Zwischenwand ist teilweise eingedrückt, also das Beichtgitter mit den alten Schnitzornamenten, mit den Rosen und Rosenzweigen; das hat Schaden genommen.«

Das hörte sich schwierig an. Ich erinnerte mich an das feierlich schwere Möbel, das aussah wie der dreiteilige Schrank im Schlafzimmer meiner Großeltern. Der Beichtstuhl konnte nur aus der katholischen Zeit des Landes stammen, die fünfhundert Jahre zurücklag. Die Sprossenfenster waren mit verschossenen Gardinen verhängt, und die Türen waren immer verriegelt gewesen, zumindest hatte ich sie nie offen gesehen. Ohne Nutzen gammelte das museale Stück an einer dämmerigen Seitenwand der Kirche.

»Soll zum Stecknitzfest die Beichte wieder eingeführt werden?«, fragte ich belustigt.

»Wahrhaftig«, sagte er feierlich, »ich wüsste ein paar Leute, für die das erleichternd wäre.«

 DER GRÜNE TIPP
Klostergarten

Wer einen Klostergarten anlegen will, benötigt wenig Platz. Nur so viel, dass zwei Wege sich kreuzen. Das Wegkreuz gehört zur frommen Zeichensprache – wie auch einige Pflanzen, die zur spirituellen Erinnerung blühen. Zum Beispiel die reinweiße Madonnen-Lilie, auch die Pfingstrose als Rose ohne Dornen und das Johanniskraut, das dem Täufer seinen Namen verdankt, weil beim Zerreiben der gelben Blüten roter Saft austritt, Märtyrerblut.

Von praktischem Nutzen sind die Heilkräuter. Der Klostergarten diente als Apotheke. Aus dem Mittelmeerraum brachten Wandermönche das medizinische Wissen und die Pflanzen mit. Dazu gehört Beifuß, auch Wilder Wermut genannt, gegen müde Beine und nachbarliche Hexerei. Außerdem Engelwurz, Beinwell, Kamille und Ringelblumen (Calendula) und natürlich Melisse, aus der Hildegard angeblich genießbaren Geist brannte. Lavendel, Thymian, Kerbel und Dill lassen den Klostergarten duften.

Falls Schnecken ihn bedrohen, hüpfen vom nahen Teich ein paar Kröten herüber. Die mögen Schnecken. Kröten brauchen lediglich Wasser in der Nähe und als Unterschlupf ein paar Tonscherben oder einen Holzhaufen. Sie quaken selten, und wenn, dann sehr leise.

6.

Liebesschlösser

Als Hammerstein kam, war der Rasen immer noch ungemäht. Eigentümlich fette Gräser machten sich breit, borstige Stängel mit flachen grämlichen Dolden schossen hoch, violettes Kraut öffnete störrische kleine Blüten, und Löwenzahn trat in Demonstrationsstärke an, um eine Pusteblumenwiese durchzusetzen.

In den gepflegten Beeten vor der Veranda ging die ostereierbunte Zeit der Tulpen und Narzissen zur Neige. Aber die Rhododendren schäumten, der Goldregen sprühte Licht, und Claudia musste die blütenschweren Zweige ihrer Pfingstrosen mit Staudendraht stützen, wobei ich ihr von der Veranda aus zuschaute, anerkennend und bewundernd, denn es hatte etwas Erotisches, wie diese reife Frau sich da bewegte, in der dampfenden Frühlingsluft zwischen saftig prangenden Blüten.

»Was dir das Mihder füllt, ist dünn mit Flohr verhüllt, selbst was dich hindten zihrt, ist äpfelrund formirt«, hieß es rührend ungelenk in einem der alten Barockgedichte, die ich für mein Buch gesammelt hatte. Claudia war jetzt, wie die Amerikaner es nannten, eine Milf, eine erfahrene, lockende, fruchtbare Frau. Ich konnte dankbar sein, dass ihr Interesse allein auf den Garten gerichtet war.

»Du stehst da oben und guckst nur und amüsierst dich, statt endlich den Rasen zu mähen!«, rief sie.

»Der ist zu nass!«, rief ich zurück. Das Wetter war auf meiner Seite. Die ganze Nacht über hatte der Regen einlullend auf unser Spitzdach getrommelt. Das war regelmäßig so geschehen in den zurückliegenden Wochen. Der Rasen konnte – nach meiner Expertise – nie richtig durchtrocknen. Kräftige Schauer hatten den Boden immer aufs Neue durchweicht. Unser dotterblumengelber John Deere hätte schwarze Spuren ins Gras gegraben, wenn er überhaupt angesprungen wäre. Den steilen Hang hinterm Haus hätte er unter diesen erschwerten Bedingungen schon gar nicht mehr geschafft; mitsamt dem Trecker wäre ich als Mure ins Schlafzimmerfenster gerauscht. Aus Fachkreisen war mir zu Ohren gekommen, dass nasser Rasen nicht gemäht werden darf. Der Auffangkorb könnte rasch zu schwer werden. Das Schnittgut, das den Korb verfehlte, würde auf dem Rasen faulen und den Wurzeln das Licht nehmen. Und die Messer würden vom feuchten Gehäcksel verkleben. Also, wirklich!

»Dann reinige wenigstens die Dachrinne!«, rief Claudia.

Das war keine willkommene Alternative. Solche minderen Handlangerdienste gehörten zu meinen ehelichen Pflichten. Laub, Zweige, Tannenzapfen schoben sich arglistig von den Schieferschindeln in die verzinkte

Rinne und sorgten als Klumpen bei Regen fürs Überlaufen. Das Säubern war überfällig. Folgsam klappte ich die kipplige Aluminiumleiter auf und erklomm die Stufen im Bewusstsein, dass Unfälle mit Leitern tödlich verliefen, wenn ein zum Dachreinigen verdammter Ehemann sich zu weit nach rechts oder links lehnte, um die Reichweite zu erhöhen, und fahrlässig – nur um seiner Frau einen Gefallen zu tun – den Schwerpunkt verlagerte.

Ich linste über den Dachrand. Nasse gelbbraune Fuder von Fichtennadeln hatten sich knapp unterm First gesammelt; sie waren unerreichbar. Beim nächsten starken Guss würden sie sich zur Rutschpartie in die Rinne verbünden. Heute ist bekannt, dass der Sisyphosmythos von einem Gärtner der thessalischen Königin erfunden wurde. Jeder gärtnernde Ehemann wiederholt ihn. Wenn ich mit meinen schwarzfleckigen Gummihandschuhen Eimer für Eimer mit Moderschlamm gefüllt, abwärts balanciert und in die Schubkarre entleert hatte, wenn die wacklige Leiter ein paar Meter weitergerückt war und der ermüdende Ablauf sich wiederholt hatte, bis endlich die gesamte Rinne auf der einen Seite des Hauses gesäubert war, möglichst unfallfrei, dann lagen die unerreichbar gilbenden Nadelhaufen immer noch hämisch unterm First, bis zum nächsten Schauer. Wieso überhaupt wagten Fichten und Tannen zu nadeln, von denen doch gesungen wurde, ihre Blätter seien treu, also immergrün, und nicht nur zur Sommerszeit?

Meine Frau kam herbeigelaufen, leicht außer Atem. »Hammerstein!«

»Was, jetzt schon?«

Aber wahrhaftig, von der höchsten Stufe, aus fünfzehn Metern über Straßenniveau plus Leiterhöhe, war Hammersteins türkisfarbener Plug-In Hybrid zu erkennen, mit schwarzem Rennrad auf dem Heckträger, wie er lautlos von der Dörpstraat in den Umlöper einbog. »Ich ziehe mich rasch um!«, hauchte Claudia, obgleich sie, dampfend im Holzfällerhemd mit den adrett gespannten Trägern der Latzhose, naturnah und lebensfroh aussah.

»Der Rasen ist nicht gemäht«, stellte Hammerstein fest, als er federnd die gebrechliche Treppe zur Veranda heraufgewippt war. Er trug ein beschämend großes Paket in den Armen. »Ihr habt schon Huflattich und kriechenden Hahnenfuß im Rasen«, erklärte er mir, »und am Rand sogar Schachtelhalm.«

»Woher kennst du diese scheußlichen Namen?«

»Wir haben mal ein Buch über Wildkräuter gemacht.« Vorsichtig, als sei es zerbrechlich, lehnte er sein Paket an den hölzernen Pflanzkasten, in dem sich Claudias Strauchrosen auf den Juni freuten. Er lockerte die Schultern, indem er windradhaft die Arme rotieren ließ. Hammerstein war ein sehniger Sportsmann mit weißer Haut und dünn werdenden rötlichen Haaren. Nicht die mindeste Atemnot war ihm anzumerken.

»Ungemäht ist erstens öko und zweitens charmant«, belehrte ich ihn. Claudia konnte es gerade nicht korrigieren. »Wir wollen keinen braven Vorgartenrasen, wie unsere Eltern und Großeltern ihn hatten. Wir wollen eine urwüchsige Wiese, eine richtige Schäferwiese, bunt und blühend, wie sie in der Barockdichtung gepriesen wird, in der Schäfer und Schäferin sich zu Lustbarkeiten betten können, mit frohem Gesumm und Schmetterlingen drüber.« Summende Insekten mochte ich eigentlich nicht, aber Schmetterlinge waren willkommen. »Du hast es doch in meiner Sammlung gelesen«, erinnerte ich ihn: »Grisillchen, weistu was?, Komm mit ins hohe Gras! Am Rain blüht lengst der Flihder, die Fröschgens hupffen wihder! – Von Martin Opitz.«

»Auch eine Wiese muss mal gemäht werden«, meinte er, ohne auf die edlen Verse einzugehen. Er kannte sie offenbar nicht. »Hier wirst du bald mit der Sense ranmüssen, falls ihr keine Schafe haltet. Oder habt ihr welche?«

»Nur das eine«, scherzte Claudia, als sie mit dem Kuchen aus der Tür trat. Sie hatte sich ein kurzärmeliges Jerseykleid angezogen, ein um ihre Silhouette fließendes Blumengewebe mit gewagtem V-Ausschnitt. »In letzter Zeit war es regnerisch«, verteidigte sie mich. »Deshalb ist Dietmar nicht zum Mähen gekommen. Er arbeitet ja auch intensiv an dem Buch. Und dann springt er immer mal wieder bei Freunden ein, für diese Jobs, tageweise.«

»Ja, du hast wirklich viel gemacht, oder?«, sagte Hammerstein und setzte sich auf den einzig heilen unserer englischen Teakstühle. Das Gespräch war mir unbehaglich, doch Claudia schien stolz zu sein. »Er ist ja häufig als Maskottchen aufgetreten, damit kommt er toll an, Kostüme kann er wirklich tragen, und dann war er Vogelvertreiber am Flughafen in Blankensee, und als

Apfeletikettierer hat er gearbeitet, und er war im Fernsehen, und jetzt ...«

»Als was, bitte?«, staunte Hammerstein.

»Als Apfeletikettierer«, erläuterte ich. »Die Bioobstbauern lassen da keine Maschinen ran.«

»Und er war im Fernsehen als Anklatscher bei ›Gefragt – Gejagt‹ und auch im ›Sportclub‹«, fuhr Claudia fort, »er kann so vieles!«

»Ja, das hört sich wirklich so an«, sagte Hammerstein ohne Begeisterung und piekte mit seiner Gabel in den Rhabarberstreusel.

»Okay«, lenkte ich ab, »dürfen wir das Paket öffnen, das du mitgebracht hast? Oder willst du es hier nur zwischenlagern?«

»Öffnet es, Freunde, ich bin ziemlich sicher – das wird euch Spaß machen!«

»Und zuletzt hat er als Liebesschlosstaucher gearbeitet«, beendete Claudia ihre Aufzählung. »Und das erstaunlich erfolgreich, oder, Dietmar?«

Ich nickte ergeben. Es war mir nicht recht, dass Hammerstein den Eindruck gewann, dass ich für fragwürdige Nebenjobs durchs Land reiste, statt, wie vereinbart, am häuslichen Schreibtisch die Aktualität der erotischen Schäferdichtung nachzuweisen.

»Als, bitte, was für ein Taucher?«, kaute Hammerstein. »Superstreuselkuchen übrigens!«

»Ach, das ist unwichtig«, tat ich ab.

»Als Liebesschlosstaucher!«, erklärte Claudia stolz. »Und das ist was richtig Spannendes!«

»Klingt verrückt. Was soll das sein?«

»Erzähl doch ruhig«, forderte Claudia mich auf.

Tatsächlich war ich zwei Tage zuvor noch mit Maske, Flossen, Sauerstoff und Tauchlampe in Lübeck tätig gewesen, unter der Professorenbrücke. In dem angejahrten Neoprenanzug sah ich inzwischen aus wie eine überfütterte Kegelrobbe, aber er passte noch. Es war fünfzehn Jahre her, dass Claudia und ich uns bei einem Tauchkurs am Roten Meer kennengelernt hatten. Auf irgendeine Weise musste Finn Wind davon bekommen haben. Und er war auf eine seiner bauernschlauen Geschäftsideen gekommen. Die Techniken, die mir aus Eilat in Erinnerung waren, reichten dafür – für das Tauchen in langsam fließenden Gewässern.

Im Sommer des Vorjahres hatte ich unter seiner Anleitung zur Probe in Lüneburg getaucht, am Abtsmühlenwehr, nicht direkt unterm brandenden Wasserfall, sondern in dem stillen Becken, das sich dahinter gebildet hatte und in dem nur gelegentlich Blasen aufstiegen. Die Verliebten von Lüneburg nebst angereisten Hochzeitern schlossen seit Jahren ihre Love Locks ans Geländer der Brausebrücke und warfen die Schlüssel jubelnd ins stürzende Wasser. Im Schäumen sahen sie noch ein Aufblinken, dann nichts mehr, und sie küssten sich in der Gewissheit, dass das Glück nun für immer hielt.

Viele hundert Schlösser mit Gravuren – Initialen, Namen, Rosen, Vögelchen, verschlungenen Herzen – schimmerten als bunter Schmuck am Geländer und rieben, vom Wind bewegt, den Korrosionsschutz ab. Die

Schlüssel sammelten sich unterdessen in geringer Tiefe am Grund des Auffangbeckens wie in der Schatzgrube eines geizigen Raubfisches. Meine Aufgabe bestand darin, sie herauszufischen aus dem Schlamm, so ähnlich wie den Schmodder aus unserer Dachrinne.

Und so war es auch in diesem Jahr, kurz vor Hammersteins Besuch, in Lübeck gewesen. Am Steig über die Obertrave hatte ich sieben Tauchgänge absolviert, unter der sogenannten Professorenbrücke. Neunundsechzig Euro kostete die Kunden das Heraufholen eines Schlüssels. Es gab Ungeduldige, die selbst sprangen und schnorchelnd den Grund absuchten; sie hatten gewöhnlich kein Glück.

Wir eigentlich auch nicht, Finn und ich, oder nur in überraschenden Ausnahmefällen. Deshalb hatten wir – oder vielmehr er – einen schlichten Trick ersonnen. An jeder der berühmten Liebesbrücken hingen seine laminierten Kärtchen. »Deine Liebe ist zerbrochen? Du möchtest dein Schloss entfernen? Es deiner/m Ex zurückschicken? Wir tauchen nach dem Schlüssel! Du zahlst nur, wenn wir ihn finden!«

Am Anfang, in Lüneburg, waren wir den mühevollen Weg gegangen. Wenn jemand sich meldete und wenn wir mit ihm das Schloss identifiziert hatten, das nun zum Symbol des Scheiterns geworden war, tauchte ich nach dem passenden Schlüssel. Nicht nur nach dem einen. Zehn, zwanzig, dreißig und mehr Schlüsselchen holte ich bei jedem Tauchgang empor vom muddigen Grund. Oft hatten wir Glück. Die Schlüssel ließen sich wie Puzzleteilchen den Schlössern zuordnen. Der enttäuschte Liebende oder die betrogene Frau öffneten traurig und wütend das einstige Siegel ewiger Treue. Finn machte ein Polaroid vom Ritual und überreichte eine Urkunde: Schloss entriegelt, Freiheit wiedererlangt. Die Kunden beglichen die Rechnung und schritten gekräftigt von dannen, oft unterm Beifall mitfühlender Zuschauer.

Doch manchmal klappte es nicht. Als ich in Lüneburg nach fünf Tauchgängen viele Schlüssel, aber noch immer nicht den einen passenden gefunden hatte zu dem rotgoldenen Hängeschloss »Nico und Heidi – für immer eins«, musste Finn schamvoll an den Werkzeugkasten seines Landrovers gehen und den Bolzenschneider holen. Das war unsportlich und bar jeglicher Poesie. Für den Kunden fiel in diesem Fall nur eine Schutzgebühr an: 9,60 Euro statt 69 Euro. Das lohnte sich nicht.

Doch all die vergeblich herausgefischten Schlüssel hatten einen Nutzen. Wir nahmen uns die Zeit, sie zuzuordnen. Finn fotografierte das jeweilige Lock mit dem passenden Schlüssel und legte ein Archiv an. Das Schloss ließen wir hängen, die Schlüssel nahmen wir mit. Er musste nicht lange warten, bis ein Leidender sich meldete, zu dessen zerbrochener Liebe wir den Schlüssel schon hatten. Wir trafen uns mit dem Enttäuschten, er zeigte das Schloss. Ich sprang mit dem passgenauen Schlüssel, ohne ihn sehen zu lassen, ins Wasser, tauchte mit einem Dutzend zusätzlicher wieder nach oben und vermutete prustend: »Hier müsste er dabei sein!« Und, oh Wunder, er war dabei.

In Lübeck machte Finn es noch einfacher. Er kannte die Angestellte in der Goldschmiede unweit der Brücke, an der Obertrave, schräg gegenüber. Dort erwarben die Liebenden traditionell für zwanzig Euro ein Schloss mit schnell erstellter Gravur. Die Zahl der unterschiedlichen Schlüsselformen war begrenzt. Finn hatte das komplette Sortiment bald vorrätig. Weiterhin spielte ich den unerschrockenen Taucher mit dem Röntgenblick im trübdunklen Wasser. »Aber die Trefferquote«, erzählte ich, »liegt jetzt bei hundert Prozent!«

»Ja, klar!«, rief Hammerstein lachend. »Meine Güte, was für Storys verbergen sich da!«

»Geschichten von großen Erwartungen und harter Wirklichkeit«, sagte ich bedeutungsvoll, »von Liebe und Schmerz.«

»Dietmar und ich sind ein glückliches Paar geblieben«, sagte Claudia und legte mir die Hand auf den Arm.

»Was für ein krasses Gefälle!« Hammerstein schüttelte den Kopf. »Da erlebst du ein Paar, das im Gefühl himmlischer Verliebtheit sein Schloss ans Geländer heftet und den Schlüssel wegschleudert. Im selben Moment tritt ein zutiefst Enttäuschter auf die Brücke, dem nichts wichtiger ist, als das teuflische Teil zu lösen, denn das Gelübde hat sich als Lug und Trug entpuppt! Mensch, *da*rüber solltest du schreiben!«

»Habe ich ihm auch gesagt«, ereiferte sich Claudia.

»Möglich wäre es«, sagte ich. »Aber jetzt ist erst mal die erotische Schäferdichtung dran, dieses phantastische

Projekt. Alle, die ich kenne, freuen sich schon.« Obwohl mir im Moment niemand eingefallen wäre.

»Und deswegen bin ich ja hier«, lächelte Hammerstein.

»Ich hole noch Kaffee«, trug Claudia bei.

»Übrigens gibt es immer bessere Rasenroboter«, vertraute er mir an, als sie im Haus verschwunden war. »Wir haben einen im Verlag, einen Husqvarna, den sehe ich vom Fenster aus, der ist den ganzen Tag über emsig, rollt hin und her und kreuz und quer und am nächsten Tag wieder, der schnurrt unermüdlich, erst abends fährt er in seine Ladestation und macht Heia.«

»Haben wir schon überlegt, aber der würde bei uns die Steigung nicht schaffen«, seufzte ich, »vor allem hinterm Haus. Das muss ich selber machen.«

»Machst du ja nicht.«

»Na, wie gesagt: diese saftige hohe Wiese, diese bunte Schäferweide, die passt im Moment perfekt zu meinem Projekt. Du hast doch die Hagedorn-Passage gelesen: ›Die Schäf'rin fiel und blieb gern liegen, mir tat es wohl und ihr nicht weh, am Waldrand weideten die Ziegen, wie Balsam stand der Sommerklee‹.«

Hammerstein lachte. Die Verse schienen ihm gänzlich neu zu sein.

»Vieles ist so unglaublich aktuell in der Barockdichtung«, fuhr ich fort. »Hier, original siebzehntes Jahrhundert, die Epoche von Bach und Händel, und dieses Gedicht von Paul Fleming: ›Oft schon hat Lisa ungeniert unsre Wiese nackt beziert; dass ihre Rundungen nicht treugen, lässt sie sich jeden überzeugen; schön ist, dass der Schäfermann dies für ein Lächeln haben kann.«

»Ja, das ist lustig«, gab Hammerstein zu. »Und du meinst, es ist tatsächlich aktuell? Das habe ich mich nämlich bei der Lektüre gefragt.«

»Du hast es also gelesen?«

Darauf ging er nicht ein: »Die gesellschaftliche Stimmung, habe ich das Gefühl, aber ich mag mich täuschen, also in den Medien und sozialen Netzwerken, die Stimmung ist im Moment anders.«

»Was heißt denn Stimmung?«, ärgerte ich mich. »Liebe ist immer aktuell! Auch in dieser frechen Form, ja, gerade so! ›Und sie küsst mich, dass es knallt, durch den dicken Tannenwald. Himmel, war der saftig! Deine aufgeblähten Brüste, die ich tausendmal beküsste, denen hundert Hirten Liebeslieder girrten, deine Brüste sind mein Preis, gut, dass es dein Mann nicht weiß!‹« Ich hatte die Stimme etwas gesenkt. Hammerstein amüsierte sich königlich. »Andreas Gryphius, 1662!«, sagte ich. »Das Buch wird ein Hit!«

»Jetzt öffnen wir erst mal das Paket«, sagte Claudia, als sie wieder auf die Veranda trat. »Oder sollen wir das lieber tun, wenn du weg bist, damit wir keine Freude vortäuschen müssen?«

Hammerstein lachte. »Ihr werdet euch freuen, das garantiere ich! Denn das passt perfekt zum Thema: Uralte Kulturgüter werden wieder aktuell!«

Dieser todeswürdige Trottel.

DER GRÜNE TIPP
Bunte Wiese

Ungemähte Blumenwiesen liegen tatsächlich im Trend. Ihre hohen Gräser und der Reichtum an Blüten sind insektenfreundlich, also auch vogelfreundlich. Ihr Feind ist der Rasenmäher. Eine einzige jährliche Mahd – dann allerdings mit der Sense – reicht aus. Den Rasen einfach wuchern zu lassen genügt für Gänseblümchen, Klee und Löwenzahn. Dazu können gern noch ein paar Zwiebeln gesteckt und Saaten gestreut werden. Klassiker der bunten Wiese sind Klatschmohn, Glockenblumen, Schafgarben, Margeriten, Lichtnelken, Kornblumen, Rotklee. Freunde der Naturmedizin pflanzen dazu noch die Wilde Karde. Der Saft ihrer Wurzeln hilft gegen etwas, das mit der herrlichen Blumenwiese zugleich aufs Grundstück gelangt, die Zeckenbissinfektion. Zur Vorbeugung am besten jemand anderen mit der Sense durch die Wiese waten lassen, als besonders unempfindlich gilt der Sensenmann.

7.

Wichtelsterben

Der Mäher sprang sofort an. Er röchelte, er röhrte, die Schermesser schepperten. Es war ein Wunder. Der Motor erwachte wie ein Drache, der jahrtausendelang in seiner Höhle geschlummert hat. »Aus der Bahn!«, schrie ich. Die Drehzahl stieg. Meine Stimme überschlug sich. »Alle weg!« Da war niemand. Aber ich musste mir Platz schaffen, mir und meinen Herzkranzgefäßen und meinen Stirnadern und meiner allzu lange unterdrückten Zerstörungskraft. Den ersten Gang eingelegt – die Kupplung jaulte in lustvollem Schmerz. Der Antrieb brüllte auf. Der Auspuff platzte vor Stolz. Und go! Da unten, auf dem Rasen, da wartete das Ziel. Todeswürdig!

Plötzlich tauchte Claudia im Bild auf, störend, unerwartet hinter den beiden. Sie winkte. Sie schien etwas zu rufen. Zu spät! Was immer sie mitteilen wollte, es wurde monströs übertönt von dem gewitterhaften Triumph, mit dem unser schlangenbissiger John Deere zum Leben erwacht war. Das Rasseln, Poltern, Donnern seines immer noch furzgesunden Motors war (wie uns Astamaya einmal anvertraut hatte) bis zum anderen Ende des Dorfes zu hören und hinunter bis an den Kanal, wo schlummernde Angler jetzt unversehens von ihren Klappstühlen kippten und Brassen und Rotaugen betäubt an die Oberfläche trieben.

Das war der Lärm der Schlacht! Das aggregatgestützte Wutgebrüll zum Zerstampfen von Dummheit, Eitelkeit und Ignoranz. In den zweiten Gang! Was für ein Labsal für die Ohren – dieses ruppige Zünden des bestialischen Luft-Benzin-Gemischs im Zylinderraum! Das war Kampfmusik, das waren Schallschwingungen von göttlicher Monströsität!

Und raus aus dem Schuppen aufs Gras und die leichte Abschüssigkeit nutzen. Claudia deutete auf das Paar, das zur Hinrichtung verdammt war. Ah, sie hatte die beiden ein paar Meter auseinandergerückt. Das hatte sie mir bedeuten wollen. Als wenn unser dotterblumengelbes Monster und ich nicht beide Verdammten zugleich zerfetzen könnten! Aber vielleicht war die separate Vernichtung besser. Erst einmal diese abenteuerliche dumpfe Plautze von Mann, diesen fettwanstigen Gnom. Sollte sein Weib zum Zuschauen verurteilt sein. Auf ihn!

Hammerstein hatte nichts gelesen, nichts verstanden, gar nichts. Kein einziges der funkelnden Zitate war ihm vertraut. Ich hatte die lustigsten, frechsten, süffigsten Perlen der barocken Schäferdichtung gefunden, hatte sie nicht nur gesammelt, sondern auch herausgeputzt. Ich hatte sie verständlich und lockend dargestellt, als den ersehnten Kitzel für unsere von Prüderie bedrohte Epoche. Nichts davon hatte Eingang gefunden in Hammersteins verdorrte Synapsen. Er hatte nicht im Mindesten begriffen, dass es sich um einen Bestseller handelte.

»Sind Schäfer denn wirklich aktuell?«, hatte er mit zusammengekniffenen Augen gefragt.

»Aber natürlich!«, hatte ich ihn beschworen. »Gerade jetzt wieder, jetzt doch erst recht! Schäfer sind Symbole des freien natürlichen Lebens und der Genügsamkeit! Das waren sie damals für die aus Etikette und Puder sich fortsehnenden Adeligen im Barock. Und das sind sie jetzt für uns alle, die wir in Städten und Normen eingepfercht sind. Schäfer sind der kulturelle Gegenentwurf. Sie sind regional, sie leben auf Bioland, sie leben einfach, sie sind Kinder der reinen Natur!«

»Und sie sind freizügig und sexy«, war Claudia mir beigesprungen.

»Genau das ist es, was mir Sorgen macht«, knirschte Hammerstein. »Ist diese Schäferinnen- und Schäferdichtung nicht eine Spur zu frivol?« Es war, als habe er gerade zum ersten Mal Bekanntschaft damit gemacht.

»Natürlich! Das war ihr Sinn, und das bleibt ihr Sinn! Aber die Dichter, die ich zitiere, die sagen es kunstvoll, die umschreiben es, die sagen es durch die Blume! ›Schäferstab, du kleiner Schlingel, eben warstu noch ein Kringel; kaum dass die Hirtin zu dir spricht, wirstu zum stolzen Kerzenlicht! Nachmittags um halber Vier ziehst du durch den Schwarzwald ihr. Fast beschämt so deine Kraft sogar des Ritters Lanzenschaft!‹ – Das ist von Christian Hofmann von Hofmannswaldau.«

Hammerstein lachte und verzog gleich darauf schmerzvoll das Gesicht, als seien ihm Claudias Rhabarberstreusel nicht bekommen.

»Das ist gewitzt und farbig in Bilder gefasst!«, rühmte ich. »Das könntet ihr ganz subtil illustrieren lassen!«

»Dietmar ist eigentlich prüde genug«, trug meine Frau bei.

»Nicht auf dem Papier«, meinte Hammerstein. »Und das ist das Problem. Ich habe mit dem Vertrieb gesprochen. Unsere Vertreter wissen nicht, wie sie diese Frivolitäten den Buchhändlerinnen schmackhaft machen können. Du hast da Passagen drin, ich zitiere.« Er hatte also doch etwas gelesen, aber nur, um ablehnen zu können. Er holte einen Zettel heraus: »Da heißt es: ›Florindgen wird mir schon zu breit, sie stammt noch aus der Schwedenzeit; Babettgen ist sogar schon bartig, wenn man sie küsst, so wird man schartig.‹ Philipp von Zesen. Also, ich glaube, das geht nicht.«

»So was kann man ja notfalls weglassen«, wiegelte ich ab. »Ich unterwerfe mich selbstverständlich eurer Zensur!«

»Dietmar arbeitet schon ziemlich lange daran«, sagte meine Frau mit ihrer wärmenden Loyalität. Eine Flotte grauer Wolken segelte von Westen, von Hamburg, über den Waldhang heran. Wir würden nicht mehr lange in der Sonne sitzen können.

»Das ist alles sehr sorgfältig gemacht«, räumte Hammerstein ein. »Aber hat Dietmar nicht auch enormen Erfolg mit diesen kleinen originellen Jobs?« Er sprach jetzt zu Claudia, als sei sie meine Betreuerin. »Das hörte sich lustig an, was er vorhin erzählt hat«, fuhr er fort. »Kann er nicht darüber schreiben? Ich schlage vor, diese Schäfersache hier, dieses doch sehr gewagte Projekt schieben wir erst mal auf. Die Zeiten werden bestimmt wieder liberaler, dann ohne Me too und ohne all diese Klagen und Forderungen nach Schadensersatz.«

»Das erlebe ich nicht mehr.« Ich vergrub mein Gesicht in den Händen.

»Nun, das war die schlechte Nachricht, jetzt kommt die gute«, frohlockte er. »Für euch zwei Gartenliebhaber! Wir haben nämlich etwas auf den ersten Blick Harmloses, aber doch sehr Sinnliches ins Programm genommen, und damit hängt mein Geschenk zusammen.«

Es stand noch da, das Paket, an den Pflanzkasten gelehnt. Wir hatten es nicht gleich gierig auspacken wollen. Und jetzt verspürte ich keine Lust mehr dazu. Hammerstein hatte den Themenwechsel geschafft. Ich nicht.

»Dann öffnen wir jetzt mal das Paket«, sagte Claudia versöhnlich. »Dann kriegt Dietmar auch bessere Laune.«

»Oh, da bin ich sicher«, log Hammerstein. »Denn das Geschenk geht in dieselbe Richtung. Etwas lange Vergessenes, ja zuzeiten Verachtetes, ist überraschend wieder im Kommen. Deshalb machen wir einen opulenten Bildband darüber. Und der tritt jetzt erst mal an die Stelle der Schäfererotik.«

Ich hasste ihn. Claudia hingegen wickelte behutsam die angebliche Kostbarkeit aus; sie ahnte, dass es um etwas Zerbrechliches ging. Und dann, ja, dann kamen diese degenerierten Gnome zum Vorschein. Diese hohlen Wichtel. Erst der feiste Zipfelmann mit sagenhaft dummer Visage unter grellroter Mütze, knollnasig, stumpfäugig, grinsebackig, mit Nikolausbart, unterm Kugelbauch in Gummistiefel zementiert, so unoriginell wie nur überhaupt denkbar.

»Das ist der Urtyp«, freute sich Hammerstein. »Aus echtem Ton! Der Klassiker schlechthin.«

»Ja, super!«, jubelte Claudia. Wenn sie etwas vortäuschen konnte, dann Begeisterung und lustvolle Schreie.

»Über so etwas macht ihr einen Bildband?«, stammelte ich mit versagender Stimme.

»Den kriegt ihr selbstverständlich zugeschickt«, lächelte Hammerstein. »Oh, das freut mich ja nun wirklich, dass euch das dermaßen gefällt. Ich hatte, gebe ich offen zu, ein bisschen Sorge. Aber es passt ja auch zu euch!«

»Es passt perfekt!«, rief Claudia. Ich hielt es kaum aus. »Oh, wie schön!«, rief sie. Denn sie wickelte eben das Wichtelweib aus. Dem war eine Art Schwarzwaldtracht auflackiert worden. Die Figur war nicht ganz so derb und womöglich eine Spur phantasievoller. Sie hielt den Arm ausgestreckt, als wolle sie jemanden anweisen, und der Mund war geöffnet, als sagte sie etwas.

»Ist die nicht großartig?«, strahlte Hammerstein. »Ist die nicht ein echter Schatz?«

»Die ist phantastisch!«, rief Claudia. Aus dem tiefen Brunnen meiner Depression heraus konnte ich nicht anders als meine Frau für diese preiswürdige Schauspielkunst bewundern.

»Ich glaube, sie ruft gerade ihren Zwergenmann zur Gartenarbeit«, vermutete Hammerstein. »Sie zeigt ihm, was zu tun ist. Und ich denke, so in etwa geht es auch bei euch zu, oder irre ich mich?«

Er grinste. Ich konnte nicht mal ansatzweise ein Lächeln zustande bringen. Die Gesichtsmuskulatur gehorchte nicht.

»Ja, genau so ist es!« Claudia zündete eine weitere Begeisterungsstufe.

»Und das Gute an den beiden ist«, erläuterte Hammerstein und erhob sich mit einem skeptischen Blick in den Himmel. »Die sind authentisch! Die kommen aus Thüringen, aus der einzigen historischen Zwergenmanufaktur. Die sind aus Ton modelliert und nach uralter Art im Feuer gebrannt. Daran ist kein einziges Molekülchen Plastik. Das ist urtümliche und nachhaltige Kunst.«

»Großartig«, fiel Claudia ein.

Hammerstein, jetzt ganz gönnerhafter Mäzen, zog sich die Sportjacke über. »Die tönernen Hohlkörper kommen aus Gipsformen.« Im Reich der Zwerge war er zu Hause. »Die Biofarben werden Pinselstrich für Pinselstrich in Handarbeit aufgetragen, genau wie vor zweihundert Jahren. Damals ist die Manufaktur gegründet worden. Das nenne ich Tradition!«

»Die erotische Schäferdichtung ist vor zweitausend Jahren begründet worden«, trug ich bei. »Das nenne *ich* Tradition!«

»Eben«, sagte Hammerstein völlig sinnlos. »Und deshalb passen die Zwerge so gut!«

Er brach auf. »Eigentlich hatten wir hier auf einem urigen Bauernhof ein Zimmer für dich reserviert«, erwähnte Claudia. »Auch traditionell, mit Bauernfrühstück und Stallgeruch.«

»Das ist ganz, ganz lieb von euch, aber ich will noch ein bisschen Mountainbike fahren im Sachsenwald, mal richtig durchatmen«, erwiderte er. »Und dann nach Hause. Es zieht sich ein bisschen zu, und wir haben ja alles geklärt.«

Und das war es. So war mein Werk mit den funkelndsten Perlen erotischer Schäferdichtung hingerichtet worden. Oder nicht mal das; eher ignoriert worden. Zurückgeblieben waren ein dumpfbackig selbstzufriedener Zwerg und seine eine Spur weniger dümmliche Gemahlin. Zum Ausrasten.

Als Hammerstein den Plattenweg hinunterstolziert war, hatte ein kalter Windstoß die Glyzinien geschüttelt, deren neugierige Ranken Claudia vormittags am Geländer zurückgeschnitten hatte, damit wir auf der Veranda Platz nehmen konnten.

»Findest du diese Zwerge wirklich schön?«, war es mir zaghaft über die Lippen gekommen.

Claudia hatte Hammerstein nachgewinkt mit ihrem zuckersüßesten Lächeln. »Zum Niedermähen schön«, hatte sie durch die Zähne gepresst.

»Okay, also, bevor es regnet«, hatte ich verkündet, »mähe ich den Rasen. Und zwar radikal.«

»Ahne ich, was du vorhast?«

»Ich glaube schon. Bist du einverstanden?«

»Absolut.«

Hammersteins schimmelkäsegrüner Plug-in-Hybrid war endlich um die Kurve verschwunden.

»Los«, hatte ich gesagt, »stelle sie hintereinander auf, wie Kegel!«, und war rachedurstig zum Schuppen geschritten. Mit jedem Schritt hatte ich eine weitere Portion Ärger in mein sanftmütiges Nervensystem gestampft und noch einen Schuss Adrenalin in die Blutbahn. Ich hatte mein gebügeltes Oberhemd abgeworfen und die schäbige Arbeitskappe aufs Haar geklatscht. Ich war der Proll. Ich war Conan der Barbar, bereit zum Plattmachen. Ich rächte die unterdrückten Massen. Es half nur noch stumpfe Gewalt.

Und prompt war der Haudegen auf meiner Seite, zornig, enthemmt, der alte John Deere! Ich presste ihm die Schenkel in die Flanken. Claudia nahm meine Gesichtszüge wahr und zog sich eilig auf die Veranda zurück. Sie hatte die Zwerge nicht wie auf der Bowlingbahn aufgestellt, sondern mit provozierendem Abstand. Durch den Blutrausch dämmerte mir, weshalb: nicht, um den Trecker vor Überforderung zu schützen, sondern um mich zu nötigen, wenigstens zwei Bahnen zu mähen. Also, gut.

Und es krachte! Sie hielt sich die Ohren zu. Der Mäher bockte kurz. Ich trat das Pedal und bestätigte: Richtig so! Und er zermalmte den Zwerg. Zertrümmerte und schrottete ihn. Claudia wich ins Haus zurück, hinter die Sprossenfenster der Tür. Ja, es war ein Gemetzel. Das Mähwerk zerknirschte die Teile. Lackierte Tonsplitter spritzten zur Seite. Ich wendete scharf und walzte noch einmal drüber, zum Kleinhacken. Der Mäher kaute. Er mahlte. Claudia hatte einen Rechen bereitgelegt, um die Mosaikteilchen später zusammenzuharken. Wir würden sie der Kirche spenden, zur Verzierung des Klostergartens. Unverschämt heil lag nur der rote Hut noch da. Ich beugte mich zur Seite, um den Mäher auf ihn zu lenken. Beinahe wäre die Maschine gekippt, von wegen »tiefer Schwerpunkt«! Hinterm Haus würde ich nicht mähen, nicht heute, nie. Ich zerhäckselte die Zipfelmütze.

Nun allerdings war der Auffangkorb bis zum Rand gefüllt. Ich stellte die Maschine ab. Im ersten Moment war die Stille erschreckend. In den Ohren rauschte das Blut. Ich unterdrückte einen Anflug von Scham. Die Vögel nahmen schleppend die Fäden ihres Gesangs wieder auf. Claudia wagte sich vor die Tür. Sie machte ein Foto. Die breite Spur, die ich beim Wenden und Wiederholen ins hohe Gras gemäht hatte, glich den Kornkreisen, die einst Außerirdischen zugeschrieben wurden. Da hatten die Ballonreisenden was zum Staunen.

»Das hat dir richtig Spaß gemacht!«, bemerkte Claudia ein wenig verwundert. Ich nickte ein wenig benommen. »Lass die Zwergenfrau erst mal stehen«, schlug sie vor, um meinen ersten Herzinfarkt noch ein wenig hinauszuschieben. Wir hatten testamentarisch noch nichts geregelt. »Die Zwergin geben wir einfach zum Stecknitzfest in die Tombola!«

Ach je, ach ja. Das Stecknitzfest. Daran hatte ich nicht mehr gedacht. Alle begabten Dörfler waren aufgerufen, etwas Kreatives beizutragen. Das Orchester der Freiwilligen Feuerwehr hatte bereits schleppende Arrangements gängiger Hits eingeübt. Auf der mobilen Bühne würden die Landfrauen etwas vortanzen, zur Musik von DJ Storchschnabel. Der Lokalhistoriker trug gewöhnlich Anekdoten aus der Geschichte des Kanals vor. Bereits im Mittelalter hatten auf dem Lauf der Stecknitz, dessen Begradigung dann später ... und so weiter. Die Konfirmanden stakten mit einem selbstgebauten Salzprahm von der Kirche bis zur Schleuse und zurück. Feriengäste im besten Alter traten zum Treidelkampf an: vom Uferpfad aus mussten sie wie Sklaven beladene Boote an Seilen ziehen (»treideln«). Der Bürgermeister trat als Clown für die Kleinen auf. Seine Frau, die fürs regionale Marketing zuständig war, bot die schönsten Hobbyfotos des Jahres als Postkarten feil. Der Pfarrer hatte einen Stand mit Pilgerutensilien und Pilgerstempel. Und eine Schülergruppe wollte von der Haselmausbrücke berichten, die parallel zum ungenutzten Krötentunnel die B 208 überspannen sollte. Wahrscheinlich würde das Fernsehen kommen. War das Fest womöglich ein Forum für meine leuchtend grünen Barockverse?

Ich las die farbigen Steinchen aus dem mit Gras gefüllten Auffangkorb. Das war ein schöner Schmuck für den Garten der Pfarrei mit den Hildegard-Pflänzchen.

»Und eben hat Astamaya angerufen«, rief Claudia noch.

»Hat sie den Motor gehört?«

Inga Astamaya Quistorp, die Fußpflegerin und Waldtherapeutin, wohnte zwar am Dorfausgang. Doch sie war stolz auf ihr feines Gehör, das noch subtilste kosmische Schwingungen wahrnahm. Die betäubende Reichweite unseres Monsters hatte gelegentlich den Empfang göttlicher Energien gestört. Beim Fest demonstrierte sie beharrlich die Kunst des Obertongesanges, eine Darbietung, die stets ans Ende des Programms gesetzt wurde, als Höhepunkt, wie man ihr versicherte; in Wirklichkeit, um hartnäckig Ausharrende und Kampftrinker zu vertreiben.

»Nein, die Waldbadesaison beginnt. Ich soll dich fragen, ob du Lust hast, zu assistieren, gleich beim ersten Seminar? Selbstverständlich gegen Bezahlung.«

Ich schüttelte mich, nicht aus Widerwillen, sondern um überschüssige Energie loszuwerden. Mein Körper war noch im Zertrümmerungsmodus.

»Vielleicht tut der Wald dir selbst auch ganz gut?«, meinte Claudia mit diagnostischem Blick. »Er soll ja heilsam sein.«

Therapie unter Bäumen war bislang nicht meine Sache gewesen. Natur überhaupt nicht.

»Und deine Mitwirkung in der Fredenbüll-Serie scheint ebenfalls zu klappen«, fuhr Claudia aufmunternd fort. »Wenn auch wohl nur als Statist. Aber die berappen richtig was!«

Also nahm der Tag doch noch eine erfreuliche Wendung. Jetzt wagte sich auch die Sonne wieder hervor aus den Zirren. Ich erklomm mannhaft die Wackeltreppe zur Veranda. Ich hatte das Bedürfnis, kalt zu duschen und den schwitzenden Proll abzuseifen. Auf dem Wohnzimmertisch lagen die beiden Vaporizer. »Das Gras!«, fiel mir ein. »Wir haben vergessen, Hammerstein ein paar Buds anzubieten. Da liegen die Verdampfer!«

»Er ist nicht mal ins Wohnzimmer gekommen«, erinnerte Claudia.

»Das hätte ihn geneigter gemacht!«, murmelte ich zerknirscht. »Oder er wäre wenigstens auf der Rückfahrt völlig abgespaced in die Kiefern gesemmelt. Waldbaden intensiv. Wollen wir beide was dampfen?«

Claudia musterte mich und schnalzte mit der Zunge. »Nein«, entschied sie. »Du bist gut durchblutet. Du schwitzt wie ein Mann. Wie ist es mit Sex?«

Auf die Idee wäre ich nie gekommen. Und erst recht nicht darauf, dass ein Mord damit verbunden war.

DER GRÜNE TIPP
Zwerge

Zwerge auf der Fensterbank, auf dem Schreibtisch, auf dem Balkon, womöglich sogar im Garten, das war mal spießig. Jetzt ist es jung, grün und witzig. Die Auswahl hat in den letzten Jahren eine bizarre Vielfalt erreicht. Es gibt freche und obszöne Gnome, betrunkene und meditierende, Rocker, Nackte, Steinewerfer, Rapper und Freaks. Die Palette umfasst verzwergte Politiker und miniaturisierte Stars. Da ist es schon wieder revolutionär, auf die Klassiker zurückzugreifen, zumal es die, im Gegensatz zu den hippen Exemplaren, aus Porzellan und Terrakotta gibt. Für Selbstversorger werden Gießformen aus Silikon angeboten, die mit einem halben Kilo angerührten Gips gefüllt werden. Der selbstgegossene Zwerg muss dann nur noch aushärten. In klimaneutralen Zeiten galten Zwerge als Schutzgeister, die dem Haus den Segen bewahrten. Das tun sie auch heute noch, sofern sie nicht schnöde vernachlässigt werden. Wer sie ins Gras stellt, legt ein paar Steinchen darunter, auf dass sich keine Staunasse bilde. Wer Gras raucht oder verdampft, wird in ihnen freundliche, segnende, zauberisch zum Leben erwachende Zuschauer haben.

8.

Gottes Gärten

An dem Tag, an dem Astamaya ihr Geheimnis verriet, wurde mir klar, wie leicht man im Landkreis den kleinen Schubser über die letzte Grenze nahm. Am Telefon hatte ich dem Waldseminar noch auszuweichen versucht, mit einer beschämenden Begründung: Ich müsse den Rasen mähen.

»Das ist nicht deine Aufgabe«, stellte Astamaya unerwartet klar. »Überlass das einem echten Gärtner.« – »Das wird Claudia nicht akzeptieren.« – »Finn zum Beispiel«, fuhr sie fort, »der hat die Ausbildung. Hast du seine Beete um die Antikscheune gesehen?« – »Aber selbstverständlich!« Ich hatte nichts wahrgenommen. – »Diese Lavendelrabatten? Und die Wicken?« – »Ja, stimmt.« – »Den Phlox und den Rittersporn? Und die herrlichen Stockrosen?« – »Da hast du wirklich recht«, gab ich zu. Nichts davon war mir aufgefallen. »Und an der Kirche in Berkenthin«, begeisterte sie sich, »da legt er einen Klostergarten an, authentisch nach Hildegard. Der versteht wirklich was davon. Der wird euch helfen!«

Claudia hatte den Vorschlag ohne zu zögern abgelehnt. »Einen Gärtner brauchen wir nicht, und diesen

Fritz oder Flipp, oder wie der heißt, den schon gar nicht.« – »Er ist der beste im Kreis, meint Astamaya.« – »Soviel ich gehört habe, ist er ein Angeber. Er arbeitet mit freiem Oberkörper, damit ihn die Frauen anhimmeln. So was taugt nichts.« – »Kann sein«, hatte ich geseufzt. »Aber heute ist Waldbadetag mit Inga Astamaya Quistorp, du hast es vermittelt.«

Als wir uns trafen, hatte der Himmel die Farblosigkeit klaren Wassers. Schauer waren in der Nacht niedergegangen, gerade genug, um den Staub von den Blättern zu waschen, den Wald zu erfrischen und den Erdboden anzufeuchten. Wir würden barfuß gehen, später, so viel hatte Astamaya bereits verraten. Sie erschien in einem knopflosen Umhang aus heller Seide, einem von seligen Indien-Erinnerungen durchtränkten Sari, apart schief gewickelt und geknotet. Sie musste um die sechzig sein und sah unbestreitbar gurutauglich aus mit ihren langen grauen Locken.

Die Teilnehmerinnen des Seminars waren strapazierfähiger gekleidet; sieben Frauen im therapieerfahrenen Alter, nebst einem mitgeschleppten Ehemann, der die Arme verschränkt hielt. Ihre Autos parkten sie auf dem verlassenen Holzlagerplatz am Ende der Straße. Von dort ging es zu Fuß bergauf, wenn auch erst nach einer peinigenden Einführungsrunde. Jeder sollte den Vornamen nennen und Erwartungen formulieren. Das sei lockernd, versicherte Astamaya. »Wir alle scheuen diese Runden, doch danach fühlen wir uns aufgenommen, erleichtert und bereit zu neuen Abenteuern.«

»Was bedeutet der Wald für dich?«, wollte sie hören. Schönheit, antwortete die erste, Ruhe, eine andere. Im Wald da sind die Räuber, fiel dem Mann ein. Die älteste Teilnehmerin murmelte: Heimat. Mir, der ich als lernender Assistent vorgestellt worden war, kamen Hänsel und Gretel in den Sinn, vor allem das Pfefferkuchenhaus; die Hexe ließ ich mal weg. Astamaya konnte sich für jede Antwort erwärmen. »Und Heilung!«, fügte sie am Ende hinzu, denn der Begriff war nicht gefallen. »Der Wald bedeutet Heilung. Und das erfahren wir jetzt.«

Während wir uns in Bewegung setzten, erzählte sie einiges, was schon in ihren Flyern zu lesen war: vom Staunen und Schnuppern und Horchen, vom Wald als Schutzraum, als Rückzugsort des Urmenschen, der immer noch in den Genen verankert war; vom Zauber der Kleinigkeiten und vom Entdecken und Wundern, von der Öffnung der Sinne, von Kraftorten, von Terpenen und Sauerstoff und dem Biophiliaeffekt, von Kortisol und Puls, sinkendem Blutdruck und steigender Laune, vom Atmen, von der Achtsamkeit, von äußerer Stille und innerer Ruhe. »Die Kelten haben den Wald den Garten Gottes genannt«, behauptete sie.

In dem weiten Buchenwald oberhalb des Heebargs hallten die Vogelrufe wie unter einer unsichtbaren Kuppel. Die zögerlich wärmende Sonne malte Streifen und Flecken auf den sandigen Forstweg. Stämme, Äste, Kronen waren mit einem Hauch von hellem Grün überstäubt. Von Ast zu Ast jagten sich zwei Eichhörnchen über uns, in dieser Gegend die begehrtesten Nahverkehrsmittel für Flöhe, Milben, Läuse und Zecken. Aber wir sollten nicht urteilen und auf keinen Fall werten, einfach nur wahrnehmen. Blasse Falter schaukelten zwischen Waldblumen, deren Namen zu kennen nicht nötig und jetzt nicht einmal erwünscht war. Die Smartphones waren stillgelegt.

»Ich glaube«, raunte Astamaya nach einer Weile, »wir kommen allmählich an.« Fragen und Gespräche waren nach und nach verstummt, die mitgebrachte Unruhe hatte sich gelegt, das Bedürfnis nach Selbstbehauptung war erloschen. Anfangs geäußerte Ziele (Frieden, Regeneration, Erfüllung) waren beinahe schon überflüssig geworden. Es war eingetroffen, was die Waldmeisterin im Vorgespräch prophezeit hatte. »Ob du mit einem Dutzend überdrehter Influencer in den Wald wanderst oder mit schnatternden Schülerscharen, nach zehn Minuten sind alle angekommen. Die Ruhe zieht in die Adern.«

Offenbar war es so weit. Der Parasympathikus, Astamaya zufolge das Meditationskissen des Nervensystems, hatte die Leitung übernommen; Sympathikus, der ehrgeizige Antreiber, pausierte. Waldfreundliche Wissenschaftler hatten das nachgewiesen, angeblich, aber sehr weit weg, in Japan und Korea. Für Astamaya funktionierte es. Mit den Waldbadekursen nahm sie mehr Geld ein als mit den konkreteren Fußbädern bei der Pediküre. Noch höhere Einkünfte erzielte sie mit einer Kunst, von der ich zu diesem Zeitpunkt nichts ahnte – wenngleich sie der Überzeugung war, ich sei eingeweiht und werde ihr Arbeit abnehmen als folgsamer Zauberlehrling. »Micha hat dir ja alles gesagt.« Ich hatte genickt in der Annahme, sie würde eh alles noch einmal erzählen.

In einer Wegbiegung unter hohen Buchen hieß es: »Wir können noch stiller werden.« Sie hatte die Stimme gesenkt. Die Gruppe war erwartungsvoll im Halbkreis versammelt, mit lauschend geneigten Köpfen, rings umgeben vom Schwirren und Summen. Kleine goldglänzende Fliegen standen in der Luft. Aus der Tiefe der Baumschatten war das Hämmern eines Spechtes zu hören und das Kreischen mir unbekannter Vögel.

»Wir versuchen, ohne Benennungen auszukommen. Namen und Begriffe mögen im Alltag hilfreich sein, hier täuschen sie Wissen vor. Wir wollen uns dem Namenlosen öffnen, dem Nicht-Wissen, dem kindlichen Staunen.«

Sanftmütiges Lächeln in der Runde. Bevor es zu feierlich wurde, hätte ich gern ein kurzes Waldgedicht beigesteuert, vom barocken Sigmund von Birken: »Wie so lihb ists auff der Welt unter einem Baum-Gezelt, wenn man wihder sich entpeltzt mitten unter Blumen weltzt!« – Das passte jetzt nicht. Vielleicht beim Stecknitzfest.

»Unser Gedankenstrom fließt schon langsamer«, meinte Astamaya. »Unser Verstand will noch mitreden. Und er merkt, dass das unnötig ist. Hier, in der Stille, darf unser ewiger innerer Kritiker zur Ruhe kommen.« Nicken in der Runde. »Die Entschleunigung geschieht ganz von selbst.« Sie flüsterte beinahe, als wollte sie die Häschen und Rehlein nicht stören. »In diesem Rauschen, diesem Duft löst unser Grübeln sich auf. Stattdessen schnuppern wir und fühlen wir. Wir spüren, atmen, schauen. Wir sind einfach nur da.«

Ich konnte mir nicht vorstellen, dass die Teilnehmerinnen solche Sätze nicht schon ermüdend oft gehört hatten. Doch sie lächelten selig. Dem Mann war klar, dass es das Beste war, sich widerspruchslos zu fügen. Die Gesten waren bedächtig geworden, die Blicke schweiften absichtsvoll langsam, mit bewusst gesammelter Aufmerksamkeit.

»Ich möchte euch einladen«, sagte unsere Waldweise, »jetzt bewusst den Boden zu spüren. Wir sind geerdet.« Ich beschloss, mir das Wort »einladen« zu merken.

»Mit unserem Schwerpunkt können wir uns ein wenig tiefer sinken lassen«, spann sie weiter. »Vertrauensvoll zum Erdmittelpunkt hin, und sei es auch nur einen Millimeter. Es geht um das Sinkenlassen. Der Boden ist weich, er ist durchlässig. Wir können ihm unsere Wurzeln anvertrauen. Ja, wir verwurzeln uns.«

Einige hatten die Augen geschlossen. Der Mann blinzelte sicherheitshalber. »Wer das noch intensiver spüren möchte«, wisperte Astamaya, »zieht Schuhe und Strümpfe aus, wie als Kind, und spürt den federnden Waldboden wie damals. Es ist noch nicht so lange her, wie es uns vorkommt.« Der Mann tat es gleich, ein paar Frauen zögerten. »Das Erdreich ist nicht mehr kalt«, versicherte sie. Und bald standen alle barfuß da und gruben die Zehen in den mit zerfallenem Laub bedeckten Boden. »Wie fühlt sich das an? Spüre es für dich. Du brauchst nichts zu sagen, du nimmst es nur wahr. Ist da Widerstand? Gibt es Steinchen? Kitzelt das Laub? Ist es warm, krümelig, pieksig? Auf jeden Fall ist es voller Überraschungen. Und das hast du lange nicht so gespürt.«

Claudia hatte sich in ihrer Praxis in den letzten Jahren immer intensiver auf Borreliose spezialisiert. Von Sommer zu Sommer häufiger meldeten sich Patienten, die von Zeltplätzen, Wanderungen, Pilgerfahrten langwierige bakterielle Infektionen und Parasiten mitgebracht hatten, die durch Zecken und gewisse Mückenarten im Wald übertragen wurden. Hier erblickte ich sieben neue Klienten. Ob ich ihnen am Schluss eine Karte der Praxis überreichen durfte? Als kleinen Wachmacher nach all den Träumen zwischen Baum und Borke?

»Und wenn wir uns angefreundet haben mit dem Platz, auf dem wir stehen«, fuhr Astamaya fort, »dann beginnen wir zu gehen, ganz langsam, Schritt für Schritt, achtsam den Boden erforschend, den Blick in die Bäume gleiten lassend. Wir sehen eine Bank da vorne. Sie ist fünfzig Meter entfernt. Die nehmen wir als Ziel. Wie auf einem Kindergeburtstag wollen wir ein kleines Wettrennen veranstalten, aber ein ganz gemächliches, ich nenne es Slow Run: Wer als Letzter bei der Bank ankommt, hat gewonnen. Ja, richtig: wer als Letzter dort ist!«

Die Teilnehmerinnen schauten und wiegten den Kopf und nickten einander zu. Doch, ja. »Es geht darum, auf diesem sanften Waldweg so geruhsam wie möglich voranzukommen.« Der Ehemann legte die Stirn in Falten: »Ich fürchte, da bin ich der Erste; ich stehe noch ein bisschen unter Strom.« – »Dann lasse dich von dem Kind in dir bei der Hand nehmen«, empfahl Astamaya. »Als Kind hast du für so eine Strecke eine halbe Stunde gebraucht, falls deine Eltern dich ließen. Du hast ständig etwas entdeckt, weil es überall etwas Neues gab. Deine Augen waren frisch, und das sind sie jetzt wieder.«

Ich seufzte innerlich. Der Mann lächelte artig und machte den ersten fußbreiten Schritt. Nun, das konnte dauern. Die anderen folgten schlafwandlerisch. Neunzig Euro kostete so ein begleiteter Tag im Wald. Das Geld kam mir leicht verdient vor.

Astamaya legte mir die Hand auf den Oberarm. »Die Bank da«, flüsterte sie, »das ist Doktor Redekers Bank!« Aha. »Wusstest du das?«, forschte sie. Wusste ich nicht. Wer sollte das sein, Doktor Redeker? Den Zeitlupenpilgern rief sie zu: »Du darfst alle Last an den Boden abgeben! Alle Traurigkeit fließt hinab in die Erde, alle Sorgen rinnen durch deine Füße ins Erdreich, alles gespeicherte Leid, der Waldboden nimmt alles auf, ohne Urteil, ohne Widerstand, einfach als Humus, in Güte.«

Falls ich solche Kurse selbst mal leiten sollte, müsste ich mir dieses Vokabular aneignen und obendrein überzeugend rüberbringen.

»Ja, das ist sie also«, wiederholte Astamaya und schwieg andächtig. Ich versuchte: »Doktor Redekers Bank.« Sie nickte. War da mal was gewesen, in der Zeitung? Vielleicht im regionalen Anzeigenblatt, in der Titelzeile, die ich nicht mehr entziffern konnte, weil das zerknüllte Papier bereits im Kamin Feuer fing? Oder war Doktor Redeker der Spender dieser aus Lärchenholz gezimmerten Bank, die hoffentlich umweltfreundlich, also wasserlöslich lackiert war?

»Bei ihm war es leicht«, sinnierte Astamaya und blinzelte in die durchlichteten Baumkronen. »Für ihn war alles erledigt. Er war beneidenswert heiter. Bei anderen regt sich manchmal etwas wie Abwehr im letzten Moment. Hat Micha dir sicher gesagt. Und Micha wird auch erzählt haben, wie rasch so eine kleine Krise sich legt. Ohne dass du eingreifen musst. Was immer da aufkommen mag, Furcht oder Reue oder Scham – das zerfließt im Segen des Waldes, hier in diesem gefilterten Licht, dieser Luft, diesem Rauschen, das alle Last wegschwemmt. Das merkst du ja selbst!« Ich nickte verständnisvoll wie ein Schüler, der nichts begriffen hat. »Es ist wie Meeresrauschen«, schwärmte sie. »Horch! Ein Rauschen, das auch noch den letzten Gedanken fortträgt und nur noch Stille bestehen lässt.«

Nicht weit entfernt ächzte ein Baumstamm; oder es waren Zwillingsstämme, die sich aneinanderrieben. Eine Brise war aufgekommen, nicht hier unten, doch weit oben war sie sichtbar im Schwanken der Kronen. Der Wind nahm die Bäume beim Schopf und spielte mit ihnen.

»Der Doktor Redeker hatte seinen Single Malt dabei«, erinnerte sich Astamaya. »Ansonsten gießt Micha die Nummer Neun auf. Du wirst die Thermoskanne immer dabeihaben.«

»Klar«, sagte ich, weil alles so auffallend unklar war. »Nummer neun, nicht Nummer sieben.«

»Nein!« Sie lachte, ein wenig verwundert, dass ich so ahnungslos sein konnte. »Ein Tropfen Agasekret muss immer drin sein. Nummer sieben ist nur zur Stimmungsaufhellung.«

»Eben«, bestätigte ich. »Muss ich sonst noch was wissen?«

»Beim ersten Mal komme ich mit«, meinte sie. »Wird wohl der alte Bobitz sein. Und wenn du möchtest, auch beim zweiten Mal.«

»Und der Termin?« Das war eine riskante Frage.

»Jetzt kommen ja nur noch die Eisheiligen in Frage«, antwortete sie.

»Genau«, sagte ich aufs Geratewohl.

»Oh, ich sehe gerade, die Corinna geht mit geschlossenen Augen! Da kreuzen Baumwurzeln den Weg. Komm!« Sie deutete gen Himmel. »Aber lausche!« Das Rauschen klang wie der Widerhall der Ostsee, die nicht weit entfernt war, ruhig und regelmäßig, eine unbestimmte Sehnsucht berührend, schmerzlich, zugleich beruhigend, an etwas erinnernd, das nicht zu greifen war. Und dazu wurde also noch Michas Mischung gereicht. Ja, gut, einverstanden.

Ich beobachtete Astamaya, wie sie der Frau leise zusprach und sie am Ellenbogen lenkend berührte. Ich versuchte, es ihr nachzutun bei anderen Teilnehmerinnen, die in beflissener Achtsamkeit Schildkröten an Geschwindigkeit unterboten. Geduldig wies ich auf Unebenheiten hin und lenkte zurück auf den rechten Pfad, wenn jemand in die Dornen ausscherte oder einem denkmalgeschützten Ameisenhaufen zu nahe kam. Fürs Krabbeln ins Dickicht und beglückende Begegnungen mit kleinen Tieren mochte später noch Zeit sein.

Astamaya schien sich um jeden zu kümmern. Sie schrieb nichts vor, regte nur an und lud ein, das allerdings eine Spur zu häufig. »Ich lade dich ein, die Heilkraft des Waldes wirken zu lassen.« – »Ich lade dich ein, das Federn unter deinen Füßen zu spüren.« – »Ich lade dich ein, in tiefen Zügen die würzige Luft einzuatmen.« – »Ich lade dich ein, dir einen Baum zu suchen, an den du dich lehnen kannst, um seine Kraft zu spüren und um dich mit ihm auszutauschen in stillem Zwiegespräch.«

Die Teilnehmerinnen begaben sich als Forscher ins Geflüster der Blätter. Einige lehnten nach wenigen Metern hingebungsvoll an einem Stamm, andere streiften weiter, wieder andere hockten wie Kinder zu Füßen eines Baumriesen. Ausgerechnet der Mann umarmte einen knorrigen Eichenstamm und schien leise zu schluchzen; ich wandte den Blick ab. Später folgte ein tuschelnder Erfahrungsaustausch für die, die sich mitteilen wollten; andere blieben in sich gekehrt.

»Hier habe ich Tücher, mit denen wir uns die Augen verbinden können. Ich möchte dich einladen, dich von einer Partnerin zu einem Baum führen zu lassen. Mit verbundenen Augen ertastest du ihn: seinen Umfang, seine Rinde, seine Wunden, die Astlöcher. Wie wachsen die Wurzeln? Keimt Kraut am Stamm hoch? Deine Partnerin führt dich wieder weg, ihr tauscht die Rollen. Dann trägt sie die Augenbinde. Später sollt ihr euren. Baum sehenden Auges wiedererkennen.«

Während die Sensiblen durchs flirrende Grün irrten, zog Astamaya mich auf die Bank, die mit dem ominösen Doktor verbunden war. »Heute wäre es zu warm«, sagte sie. »Mit Doktor Redeker hatten wir uns einen Spätnachmittag im Februar ausgesucht. Die Tochter hat am Parkplatz Abschied genommen; das wollte er so. Dann sind wir hier hochgewandert. Gehen konnte er ja noch. Ich habe sein Köfferchen getragen. Er hat eine dünne Decke dabeigehabt, zum Einkuscheln, das empfehle ich jedem. Es geht ja um wohliges Einschlafen.«

Sie schwieg, und ich hatte Zeit, den entschleunigten Baumfreunden zuzuschauen, die von Doktor Redekers Waldbad nichts wussten. Mit den Fingerspitzen fuhren sie an Bast und Borke einer Eiche entlang, befühlten die umklammernden Efeuäste, teilten anderswo einen Vorhang geschmeidiger Birkenzweige mit jungen Blättern und befühlten den Stamm mit der papierdünnen Haut. Offensichtlich bildeten sie sich ein, immerzu Energie aufzunehmen. Vielleicht gaben sie auch welche ab, wer wusste das schon. Einmal flog aus dem Unterholz etwas auf, mit klatschendem Flügelschlag, und die Frau, vor der das geschehen war, erschrak. Astamaya kommentierte es nicht. Über uns flappten Flügel; sie sah nicht hoch.

»An dem Nachmittag lag durchsichtiger dünner Reif

auf allen Blättern«, erzählte sie. »Die Bank war silbrig überfroren. ›Das sieht aus wie Samt‹, hat der Doktor Redeker lächelnd gesagt und sich hingesetzt, ganz einverstanden, in Frieden. Und darüber wölbte sich dieses ruhige Rauschen, diese lichtgrüne Kathedrale. Den Malt hat er sich aus seiner Feldflasche in einen Silberbecher eingeschenkt, und dann hat er die Augen geschlossen und diesem träumerischen Geplauder des Waldes gelauscht. Ich bin noch eine Weile geblieben. Die Kälte war feucht, das war gut. Dann geht es schneller.«

Die arglosen Waldbader wurden noch eingeladen, sich einen Stein zu suchen oder einen Tannenzapfen oder einen abgebrochenen Ast und alles hineinzulegen, was sie jetzt noch belaste. Dahinein sollten sie alles abladen. »Das scheint nur in der Vorstellung zu geschehen«, erläuterte Astamaya; der Mann nickte kundig. »Doch es passiert mehr. Du legst den Sorgenstein hier ab, lässt den Tannenzapfen im Wald zurück, das Bruchholz, mit all der hineingelegten Last, und du wirst es erleben: Die Erleichterung kommt, und sie bleibt!«

Für die Teilnehmer hatte sich das Seminar in eine immer tiefere Meditation verwandelt. »Du merkst, wie sich im Wald die Angst vor dem Leben verflüchtigt«, stellte Astamaya fest. Stilles Lächeln, gelassenes Nicken. »Zugleich verschwindet die Angst vor dem Sterben. Und jetzt fühlst du, es kann nichts passieren. Nichts anderes als das, was jetzt hier ist. Mehr gibt es nicht.«

Eine Weile sagte keiner etwas, auch sie selbst nicht. Der Tag war, wie sie erwähnt hatte, zu warm; sonst hätte hier jeder seinen Abschied nehmen können, jetzt gleich, nichts leichter als das. Aber weil eine Rückkehr in den Alltag bevorstand, lud sie die Teilnehmerinnen noch zur letzten praktischen Übung ein: Jede sollte sich einen Kraftplatz suchen, Lichtung, Bach, Baum, beschattet oder besonnt, einen Platz, den sie erspüren sollten, um später jederzeit zurückkehren zu können. »Lass dir Zeit, erforsche den Raum. Dein Kraftplatz ist da, er ruft nach dir.«

Es war nicht zu leugnen, dass die Teilnehmerinnen am Spätnachmittag (und nicht erst am Abend, wie ursprünglich angekündigt) den Wald heiterer und glücklicher verließen, als sie gekommen waren. Sie sahen sogar verjüngt aus. Einige gingen schweigend für sich, andere tauschten sich tuschelnd aus, alles geschah langsamer, lockerer, ohne Gewicht. Der Mann bedankte sich besonders herzlich; er sei skeptisch gewesen, aber nun müsse er sagen: »Ich bin tief berührt, ganz ehrlich, da scheint wirklich etwas zu passieren.«

»Die Gruppen sind unterschiedlich«, sagte Astamaya, als alle gegangen waren. »Aber es läuft immer von selbst. Nenne es Waldmystik. Nenne es Erbe der Evolution, weil wir Millionen Jahre Dasein im Wald in den Adern haben. Die Resonanz ist sofort da. Der Körper kommt nach Hause, die Seele auch. Und deshalb gelingen die Abschiede hier so leicht. Es ist schön, wenn jemand wie Dora es unter dem Hausbaum auf der eigenen Bank schafft. Aus dem Garten direkt ins Paradies. Doch die meisten sind dankbar für Begleitung und Zuspruch.

Die Landesregierung unterstützt uns, wegen der Über-
alterung, also aus ökologischen Gründen. Deshalb ist die
Zahl der Anfragen derartig angestiegen, dass ich Hilfe
benötige. Und da kommst du ins Spiel. Wenn du bereit
bist, bald schon in einem ganz konkreten Fall.«

Ich war nicht bereit. Ich sah die Farne, das Moos, das
Wurzelwerk. Ich atmete das Waldmeisteraroma, den Kiefernduft. Das Licht schimmerte milde, die Luft war klar,
die Wipfel wiegten sich, der Boden federte unter den
Füßen. Gewiss, all das war wohltuend. Darüber hinaus
mochte es zwischen Pflanzen und Bäumen einen Aus-
tausch von Botenstoffen geben, die auf Menschen eine
freundliche Wirkung hatten. Aber – »ich dachte, ich
sollte nur bei Entspannungswanderungen dabei sein,
bei diesem Waldbaden. Und für eisige Tage wollte ich
dir eine Alternative vorschlagen, Supermarktbaden, im
Discounter, da könnte ich fachmännisch führen.«

»Eisige Tage dürfen wir nicht verschwenden!«, fuhr
Astamaya auf. »Die Kälte zieht sich bereits zurück. Dora
konnte noch die eisigen Märznächte nutzen. Jetzt sind
die Eisheiligen bis auf weiteres die letzte Möglichkeit.«

»Das kommt alles ein wenig plötzlich.«

»Ich weiß. Aber da gibt es jemanden, der sich
wünscht, dass du ihn zum letzten Weg in den Wald be-
gleitest.«

Oh nein. Die Früchte des Waldbadens – dass der Tun-
nelblick sich weitet, der Atem sich vertieft, der musku-
läre Panzer sich lockert –, all das unleugbar Wohltuende
wurde bei mir gleich wieder aufgezehrt.

»Und wer, bitte, ist das?«, fragte ich beklommen,

»Das darf ich dir noch nicht sagen, solange du nicht zugesagt hast. Ich möchte nur, dass du dich bald entscheidest.«

»Du traust mir so was zu.«

»Dietmar, glaube mir, es ist wunderschön.«

DER GRÜNE TIPP
Waldbaden zu Hause

Gartenarbeit ist gesund – für diejenigen, die sie mögen. Allen anderen reicht der Blick in einen Garten oder ein Spaziergang auf gepflegten Wegen oder das Sitzen auf einer Gartenbank. Dass das heilsam sei, behaupten Studien, die wir durch Ausprobieren überprüfen können. Bereits der Blick ins Grüne soll gegen Stress und Depressionen helfen, sogar bei geschlossenen Fenstern. Patienten, die auf Bäume sehen, benötigen weniger Schmerzmittel. An der Luft verstärkt sich die Wirkung. Angeblich kommunizieren die Pflanzen (auch Giftpflanzen und Brennnesseln) mit unserem Immunsystem, selbstredend auf ausschließlich freundliche Weise. Bäume sondern ätherische Öle und feinstoffliche Substanzen ab, die mit jedem Atemzug alles Unerwünschte heilen. Bücher, die dergleichen Hoffnungen schüren, gibt es inzwischen mehr als genug. Wir können etwas viel Einfacheres feststellen: Die Natur lässt uns in Ruhe. Sie wertet nicht, mäkelt nicht, will nicht verändern. Sie lässt uns so sein, wie wir sind. Das allein ist zutiefst entspannend. Und das geht auch bei Regen. Es geht ohne Mücken, Zecken und Blasenentzündung: Beim Waldbaden zu Hause! Dafür lesen wir ein paar duftige Waldbeschreibungen – von Ludwig Ganghofer, Peter Rosegger, Adalbert Stifter – und sprühen naturreines Zirbelkiefernspray aufs Kopfkissen. Die Heilung setzt sofort ein. Zumindest guter Schlaf ist gesichert.

9.

Schäferstündchen

An jenem Nachmittag war ich weit davon entfernt, mich solch einer finalen Begleitung gewachsen zu fühlen. Schon wenig später habe ich darum gefleht. Das hing mit ein paar Erschütterungen zusammen, die ein Mensch mit seismographischer Sensibilität hätte kommen sehen. Über mich brachen sie völlig überraschend herein – und in schneller Folge.

Zu den Bildern, die sich mir aus dieser Zeit unauslöschlich eingeprägt haben, gehört das Fahrrad am Zaun unseres Nachbarn und natürlich der Blick ins Fenster; der torkelnde Bürgermeister im Clownskostüm auf dem Stecknitzfest, die Grenzstange vor den unschuldigen Heckenrosen, das sinnlos rotierende Messer auf der Unterseite des Mähers. Und natürlich das Foto, das Liv bekam und das für sie nur eine einzige Konsequenz haben konnte.

Der Reihe nach. Ich hatte vergessen, die Standortfreigabe wieder anzuschalten. Als die beglückten Waldbaderinnen gegangen waren, der gerührte Ehemann Arm in Arm mit seiner Frau, blieben bei uns allen die Smartphones im Ruhemodus. Wir hatten sie einfach vergessen. Wir hatten uns eingerichtet in der ursprünglichen Einfachheit, in der Stille.

Astamaya hielt mich zurück. Es blieb noch Zeit. Das Seminar war früher zu Ende gegangen. Die Teilnehmer hatten ihre Kraftplätze schneller gefunden als erwartet. Es war in der letzten Runde des Austausches nichts mehr zu klären geblieben. Jede weitere Anmerkung hätte die Harmonie nur gestört.

»Hier ist eine Wanderkarte, die gebe ich dir mit.« Astamaya entfaltete ein detailliertes kartographisches Blatt. Es reichte im Norden bis nach Lübeck, im Osten über die Wälder des Ratzeburger Sees hinaus bis nach Gadebusch und südlich bis zum Schaalsee. Nach Südwesten war der Sachsenwald mit eingeschlossen, im Westen die Hahnheide. Diese herkömmliche Karte für Radler und Wanderer hatte Astamaya per Hand mit feinen Zeichen verziert. Jedes präzise gemalte Rechteck in einem Wald bezeichnete eine geeignete Bank, jeder Kreis einen breiten Baumstamm zum Anlehnen, jedes Kreuz einen Kraftplatz zum Liegen. »Es können ja nicht alle mehr sitzen.« Ein unscheinbares Strichlein an der Seite so eines Zeichens hieß: Da ist schon jemand entschlafen.

Die kleinen Striche – ich zählte dreizehn, offenkundig die Ernte des vergangenen Winters – verteilten sich unverkennbar gleichmäßig, sozusagen gerecht, über die erfasste Region. »Wir genießen behördlichen Zuspruch, auffallen wollen wir trotzdem nicht, noch nicht«, erklärte sie. »Das Hörensagen reicht.«

»Für mich ist das alles noch ungewohnt. Bitte verstehe, dass ich darüber nachdenken muss.«

»Aber bitte nicht zu lange, wir sind auf die Kälte angewiesen!«

Nur die Unterkühlung sicherte den sanften Abschied. In dem kurzen Eiswinter vor vier Jahren hatte ich vierzehn Tage lang beim Hamburger Kältebus mitgearbeitet. Wir fuhren durch Innenstadtstraßen und spähten in Geschäftseingänge und Torbögen, um Obdachlose zu retten. Bei Minusgraden vermag der Körper die Temperatur nicht lange zu halten, bei Kälte plus Regen oder nebliger Feuchtigkeit oft nur für fünfzehn Minuten. Das Muskelzittern, hatte ich damals gelernt, war der letzte Versuch des Körpers, Wärme zu erzeugen. Unter Alkohol funktionierte diese Mechanik nicht (und erst nicht mit Michas Biomischung Nummer neun). Dann wurden die Muskeln steif, die Kälte betäubte die Nervenbahnen. Das war der Moment, von dem an Schmerzen nicht mehr wahrgenommen wurden. Die Organe arbeiteten immer langsamer, das Herz schlug nur noch zwei, drei Mal pro Minute, dann gar nicht mehr.

»Ich nenne es Rückkehr in den Garten«, lächelte Astamaya. »In den zeitlosen Garten des Paradieses.« Ich faltete das Blatt zusammen. »Es gibt so herrliche Wälder in Deutschland«, schwärmte sie. »Den Schwarzwald, den Pfälzerwald, Kellerwald, auch Richtung Böhmen wiegen sich Meere von Bäumen, und Masuren bietet unendliche Möglichkeiten, für die Berliner zum Beispiel!« Sie dachte offenbar schon an ein Franchising-System. Ich wollte weg. »Aber allein kann ich das nicht bewältigen«, klagte sie. »Du hast nichts zu tun, hat Claudia mir erzählt. Du könntest mein Assistent sein. Du wärest zertifizierter Gartenberater in einem höheren, einem edleren, spirituellen Sinn!«

Ich nickte benommen und wandte mich zum Gehen. »Du weißt«, rief sie halblaut, »dass schon Hildegard von Bingen ihren Ordensschwestern mit Mischung Nummer Neun den Abschied erleichterte? Natürlich auch ihren Rivalinnen. Es ist ihr Rezept! Klima, Dietmar! Ökologie!«

Ich raffte Reste von Munterkeit zusammen und winkte. Es war gut wegzukommen.

Den Fliegenberg hinunter führte eine Landstraße aus napoleonischer Zeit (wie der Lokalhistoriker Knaup zweifelsfrei ermittelt hatte), teils noch gepflastert mit den ursprünglichen unversehrten Basaltsteinen, teils mit Ziegeln ausgebessert und mit Schotter aufgefüllt an Stellen, an denen unter dem Gewicht schwerer Landmaschinen Löcher entstanden waren, die sich Jahr für Jahr an denselben Stellen vertieften. Mit dem Fahrrad hier abwärts zu holpern war kein Vergnügen. Aber nun ging ich ja zu Fuß, mit neu erlernter Achtsamkeit für Terpene und ätherisches Glück, bemüht, nur dem Rauschen der Blätter zu lauschen und das heilende Fluidum wirken zu lassen. Die Erholung hatte spürbar gelitten durch Astamayas Ansinnen. Ich atmete tief und bewusst. Viel half es nicht. Doch weil das Seminar früher als geplant zu Ende gegangen war, blieb mir Zeit. Claudia erwartete mich noch nicht. Ich konnte zum aufheiternden Einkaufen radeln und mich beim Supermarktbaden erholen.

Bevor ich unseren Fahrradschuppen erreicht hatte, fiel ein fremdes Fahrrad auf, an der Auffahrt zum Nachbargrundstück. Es lehnte dort am wildbienenfreundlichen Totholzzaun. Soweit mir bekannt war, befanden sich die Nachbarn auf Reisen. Wer besuchte sie in ihrer Abwesenheit? Als ich näher kam, sah ich: Es war Finns Fahrrad mit dem wetterfesten Wimpel des TSV Berkenthin. Das konnte nur bedeuten, dass er Gartenarbeiten verrichtete, hier also, bei unseren direkten Nachbarn. Sie hatten ihm für die Zeit ihres Fortbleibens Aufträge erteilt. Warum taten wir das nicht? Wenn dieser emsige Triathlet anderswo das Gebüsch lichten, Äste absägen, Beete umgraben, Dachrinnen ausräumen konnte, warum nicht bei uns? Weshalb blieb dergleichen minderer Dienst immer an mir hängen?

Das musste sich ändern. Gleich jetzt. Ich würde ihm im Alleingang den Auftrag erteilen. Erst mal zum Rasenmähen. Ich spazierte auf das Grundstück. Das Blockhaus der Nachbarn war auf gleicher Höhe in den Hang gesetzt wie das unsrige. Allerdings wirkte es deutlich größer. Im vergangenen Sommer hatten sie es ausgebaut, auf eigene Faust und ohne Bauantrag, dessen Bearbeitung im Kreis nicht unter sieben Jahren in Anspruch nahm.

Ich stapfte nach oben. In den Rabatten vor dem Haus mussten die Blütenreste der verwelkten Tulpen und Narzissen abgeknipst werden; sonst würden sie im nächsten Jahr nicht blühen. Das blieb für Finn noch zu tun. Augenscheinlich war er hinterm Haus zugange, im Nutzgarten. Dort musste jetzt die Erde gelockert und organischer Kompost eingearbeitet werden, Gesteinsmehl zum Beispiel und Algenkalk. Die Nachbarn betrieben sogar ein kleines Gewächshaus zur Anzucht schneckengefährdeter Jungpflanzen. Ich hatte Claudia an der Errichtung solcher rasch schäbig wirkender Bauten (deren Glas man obendrein putzen musste) bislang hindern können. Wir hatten weniger Platz. Der nachbarliche Garten reichte hinterm Haus den Hügel hinauf bis zur Kuppe und der begrenzenden Knickhecke. Dahinter weideten auf dem wieder abfallenden Hang bei Tag Schafe, von denen jedes so aussah wie der Teppich in meiner alten Studentenbude.

Immerhin mäht er um diese Zeit nicht den Rasen, dachte ich. Den Mäher am Abend anzuwerfen, war unstatthaft in einem Wochenendgebiet. Doch jetzt hörte ich etwas. Kein Sägegeräusch, auch nicht das Klappern einer Astschere oder das Scharren einer Pendelhacke auf unkrautbewachsenem Weg. Nein, ich hörte Claudia. Sie jubelte. Sie jauchzte wie bei einer Fußballübertragung, wenn der Ball ihrer Lieblingsmannschaft ins Tor gegangen war. Sie hatte mehr für Fußball übrig als ich und konnte sich leidenschaftlich begeistern. Lief denn jetzt ein Spiel? Ich kannte mich nicht aus. Welches?

Ich bückte mich und kroch durch die Forsythien, die wir auf der Grenze gepflanzt hatten, um uns den Anblick der nachbarlichen Bauarbeiten zu ersparen. Und von dort weiter zu den Heckenrosen am Teich, die mannshoch gewachsen waren, weil ich mich um das Beschneiden gedrückt hatte. Nun näherte ich mich der Rückseite unseres Hauses, also dem Schlafzimmerfenster. Das Fenster war gekippt. Deshalb drangen die Geräusche nach draußen. Und dann stand ich gebannt.

Sie hatten nicht mal die Vorhänge zugezogen. Finns Basecap und seine dunkle Sweatjacke mit dem Wappen des TSV Berkenthin hing sonderbar ordentlich auf einem Bügel am Schrank. Über dem Stuhl ebenso untadelig seine Hose, sein Hemd, seine Socken. Mein Atem stockte. Auf dem Bett stand er selbst, athletisch aufgerichtet, ganz sehnige Kraft, ein griechischer Olympionike wie eine Statue, mit einem beeindruckenden lebendigen Unterschied, um den Claudia sich in diesem Moment kümmerte. Schimmernd in rosiger Nacktheit hockte sie vor ihm zwischen den Kissen, gut zehn Jahre älter als er, mit reifen Brüsten und federleichten Händen, die ihn jetzt nahmen und zu führen begannen.

Für Männerkörper vermag ich mich nicht zu begeistern, aber dieser Heros, dieser Satyr von so vollendetem Bau wie nur der Faun in der Münchener Glyptothek (von dem Claudia eine Postkarte am Monitor hängen hatte), dieser Körper mit dem stolzen Begehren ließ mich demütig werden. Ich wusste, dass das Grün in Claudias Augen jetzt dunkler wurde; oder vielmehr, ich erinnerte mich daran. Es leuchtete wieder auf wie ein verlorener Schatz am Brunnengrund meines Gedächtnisses, ihre Geschmeidigkeit, die Festigkeit, die Blütenblätter, der

Nektar. Hier, in der Gegenwart, war es, als sähe ich einen Film.

Finn ließ sich nieder. Nun schienen sie sich spielerisch zu balgen, zu kämpfen. Das kannte ich nicht, oder es war sehr lange her. Und abermals erklang dieses Jubeln, das ich bis drüben gehört hatte, in das sich jetzt sein Lachen mischte, als sie ihn scheinbar unterwarf und ihre Hände auf seine Handgelenke stemmte. Ungläubig sah ich zu, wie sie ihn auf die Matratze drückte und wie die weißen Mondhälften zu tanzen begannen, auf und nieder, ich bewunderte ihre glatten Arme, den langen Körper. Ich hatte immer nur erotische Schäferdichtung gelesen. Als Finn nun zu ächzen begann und dann schrie, als sie die flache Hand niedersausen ließ oder ihre Fingernägel in seine Flanken schlug, zog ich mich zurück.

Ich erinnere mich noch an das Smartphone, das auf dem Nachttisch lag. Sicher schielte sie ab und zu danach. Aber da tat sich nichts. Ich hatte ja vergessen, den Standortverlauf zu teilen. Die beiden waren im Glauben, ich streifte noch entrückt und tief atmend im Wald herum.

Und so sollte es denn sein. Ich schlich wieder aufs Nachbargrundstück, wenngleich Schleichen unnötig war bei dem fröhlichen Lärm, und hinunter zur Straße und nun auf dem napoleonischen Kopfsteinpflaster wieder bergauf und bis zur Weggabelung.

An dieser Stelle hatte ich mich eine halbe Stunde zuvor von Astamaya verabschiedet. Sie war zur anderen Seite durch den Wald nach Hause gewandert. Nun folgte ich ihrem Pfad, der für mich einen kleinen Umweg bedeutete. Ich wollte den beiden Genießenden etwas Zeit einräumen, meiner Frau und ihrem Gärtner. Ich kam mir großherzig vor bei diesem Gedanken. Ich nahm das Smartphone und schaltete die Standortfreigabe wieder ein.

Wiegten sich die Wipfel im leichten Wind? Trällerten die Vögel? Rauschten die Blätter? Trug eine leichte Brise die würzige Waldluft heran, den Duft von Erde, von Blüten und Harz? Wahrscheinlich. Kurz zuvor war ich in diesen Gefilden mit einer lächelnden Gruppe von Pilgern in Meditation versunken. Das war weit weg.

Doch das Gehen tat gut. Ich würde meine Frau nicht zur Rede stellen. Noch nicht. Mit raschen Reaktionen und schnellen Entschlüssen hatte ich nie gute Erfahrungen gemacht. Zuerst musste meine Verwirrung sich lichten. Die Szene hatte etwas Irreales gehabt und wurde mit wachsendem Abstand geradezu virtuell, wie ein computeranimierter Spezialeffekt. Ich musste herausfinden, was wirklich war.

Oder wollte sie zur Rede gestellt werden? Wenn etwas Fragwürdiges eine Zeit lang gut gegangen ist, erhöht man das Risiko. Vielleicht weil man ertappt werden möchte. Weil es etwas Erlösendes hat, wenn das Verstecken endlich ein Ende hat und die Wahrheit ins Freie kommt. Nicht zuletzt deshalb schreibe ich diese Aufzeichnungen.

Nein, sie wollte nicht reden. Als ich mich etwas später – und nun von der anderen Seite – unserem Grundstück näherte, wiederholte sich eine Szene, die ich vergessen hatte. Als ich am Carport die Schuppentür öffnete, um meinen Rucksack einzuschließen, brach ein aufgeschrecktes Tier durchs Gebüsch. Es floh von unserem Grundstück durch die Haselsträucher und Thuja zum Nachbarn, zu plump für ein Reh, erst recht für eine Katze, und ein Wildschwein war es wohl auch nicht. Ich wartete und hörte nichts mehr. Ich erklomm die Holztreppe und schlich über den Rasen. Vom Wohnzimmer kam keine Helligkeit, die Vorhänge waren zugezogen. Ein Streifen Licht nur zog einen Strich über die Veranda und über die Glyzinien am Geländer, deren Knospen jetzt geöffnet waren; bald würden die Blüten in Trauben leuchten.

Ich tappte ums Haus herum und hinauf zum Teich, wo die rostenden Stangen die Grenze zum oberen Nachbarn markierten. Aus unserem Schlafzimmerfenster fiel glänzendes Licht. Meine Frau saß auf dem Bett. Sie cremte sich ein. Sie musste gerade geduscht haben. Diese gelöste Sinnlichkeit! Die Selbstvergessenheit in den langsamen Bewegungen, die schlaftrunkene Hingabe!

Es war noch nicht Zeit, etwas zu sagen oder zu tun. Ich ging wieder hinunter und holte das Fahrrad aus dem Schuppen. Bis neun hatte der Discounter noch geöffnet. Ich würde mich beim Einkaufsbaden regenerieren.

Motorisierte Rasenmäher haben wenig Charme und schaden – falls sie denn in Betrieb genommen werden – der Stille und natürlich dem Klima. Es gibt ruhige ökologische Rasenmäher. Sie werden Schafe und Ziegen genannt. Sie weiden treulich den Rasen ab, zerkauen das Gras mit ansteckender Gemütsruhe und meckern nur mal aus Freude. Dem Garten verleihen sie den Charme eines alten Landschaftsgemäldes.

Ein städtischer Vorgarten oder Kleingarten alias Datsche genügt ihnen allerdings nicht. Meist macht sich dort auch die Bauaufsichtsbehörde Sorgen um die Sicherheit im Wohngebiet. Schafe und Ziegen benötigen mindestens fünfhundert Quadratmeter Grünfläche, über die sie wiederkäuend streunen dürfen. Weil es sein kann, dass unsere romantischen Bionachbarn Wölfe anfüttern, ist eine hohe Einzäunung ratsam. Ziegen können überraschend gut klettern. Sie fressen, wenn sie können, gern das Gemüse des Nachbarn, am liebsten den Salat.

Zum Rasenmähen sind Schafe ohnehin besser geeignet. Zwei oder drei sollten es sein, denn sie sind ungern allein. Dass sie der Pflege bedürfen, kommt für witzige Spontankäufer überraschend. Zur Hufpflege ist nicht jede Podologin bereit. Und weil es vorläufig immer noch zu Jahreszeiten wie Herbst und Winter kommt, ist auch ein Stall vonnöten, sogar ein heizbarer. All das kostet etwas und macht Arbeit. Deshalb sind Landwirte auf eine gute Idee gekommen: Sie verleihen ihre Schäfchen gegen geringe Gebühr. Diese Stundenschafe mähen an ein bis zwei Nachmittagen gemütlich den Rasen. Sie zu engagieren, empfiehlt sich besonders, wenn sich Besuch angekündigt hat. Auf dem Land ist sonst wenig los. Schafen kann man stundenlang zusehen. Es beruhigt wie Waldbaden. Ein Knäuel Wolle als Andenken rundet das Erlebnis ab.

10.

Zum Niedermähen schön

Die folgenden Ereignisse hätten nicht anders verlaufen können. Im Rückblick sind Alternativen vorstellbar, doch das sind nur Vorstellungen. Die Realität bietet nur eine einzige Möglichkeit. Für die Zwangsläufigkeit des Geschehens habe ich bei verehrungswürdigen Gärtnern Argumente gesammelt. Man muss ihnen nicht erklären, dass die Folge der Jahreszeiten nicht umkehrbar ist und dass man einer Blume nicht beibringen kann, die Wurzeln in die Luft und das Blütenköpfchen unter die Erde zu stecken.

Der vierte Preußenkönig, der den Namen Friedrich Wilhelm trug, forderte von seinem Gartengestalter, Tulpen zu züchten, die beim Wachsen einen Knoten in den eigenen Stängel schlügen. Als Peter Joseph Lenné, der Gärtner, das als unmöglich bezeichnete, belehrte ihn der König: »Alles ist möglich.« Worauf der mit der Natur vertraute Meister antwortete: »Dann mögen Majestät bitte versuchen, ihrer Lieblingskatze das Bellen beizubringen; in einem halben Jahr wollen wir sehen, welche Laute sie herausbringt.« Es blieb bei Miau.

Als meine Frau und ich eine Reise durch die Gartenlandschaften des Hermann von Pückler unternahmen, lasen wir artig an den Abenden in seinen Schriften und Briefen. Nichts davon ist in meinem Gedächtnis haften geblieben, nur diese eine Beobachtung des am Ende verarmten Fürsten: »Was nicht geschehen soll, wird niemals geschehen, sosehr du dich auch bemühst; und was geschehen soll, das wird bestimmt geschehen, sosehr du es auch zu verhindern trachtest.« Auf jener Gartenreise zwischen Muskau und Branitz versuchte ich, Argumente zu finden gegen diese Weisheit des Fürsten. Inzwischen predige ich sie.

Ein paar Jahre, bevor meine Frau von Flugscham heimgesucht wurde, reisten wir im Frühling in den Iran, um die berühmtesten persischen Gärten zu durchwandern, vor allem in Shiraz und Isfahan. Ich erinnere mich an Alleen von blühenden Orangenbäumen und an üppige Mohnfelder, an orchideengleich blühende Tamarinden, weiß sprühende Spiräen mit schwerem Duft, vor allem aber an die unermesslichen Felder von Petunien, Begonien, Zinnien, Kosmeen. Umgeben von Lilien und Rosen zwischen kühlenden Springbrunnen ruhte unter einem Achatgewölbe der Dichter und königliche Gärtner Hafis.

Dieser Hafis hat aus dem späten Mittelalter die berühmteste persische Erzählung zur Unabwendbarkeit der Geschehnisse überliefert. Sie berichtet vom Gärtner des Shahs in Shiraz. Auf den Blumenterrassen des Palastes trifft dieser Gärtner eines Morgens einen unbekannten Spaziergänger. Er sieht ihm ins Gesicht und erschrickt: Es ist der Tod. Beim Anblick des Gärtners hebt der Tod die knöcherne Hand. Die Gebärde lässt den armen Gärtner erzittern. Er macht sich davon, springt die Treppen hinauf zum Palast, eilt zum Shah: Bitte, rasch, gebt mir ein Pferd, das schnellste im Stall, ich muss fliehen! Der Shah wundert sich. Der Gärtner erklärt: Eben bin ich in eurem Garten dem Tod begegnet, und er hat mir gedroht! Wenn ihr mir euer schnellstes Pferd gebt, kann ich fliehen und kann schon heute Abend in Isfahan sein! – Der Shah gewährt es. Der Gärtner sprengt davon. Am Nachmittag desselben Tages wandelt der Shah selbst durch seinen Garten. Und siehe da, auf einer stillen Bank in der Rosenlaube sitzt versonnen der Tod. Der Shah spricht ihn an: Vorhin ist voller Angst mein Gärtner zu mir gekommen, du hast ihm mit einer Gebärde gedroht! Der Tod schüttelt lachend den Kopf: Nein, das war keine Gebärde des Drohens! Das war eine Gebärde des Erstaunens! Ich staunte, weil ich euren Gärtner hier in Shiraz traf, wo ich ihn doch heute Abend in Isfahan abholen soll!

Wir erschauern und denken: Der Tod mag unabwendbar sein, aber was vorher passiert, bestimme ich noch selbst. So ging es mir etwas später, nach dem Stecknitzfest, in dem entsetzlichen Moment, als der Anruf von Liv kam: »Wir müssen uns treffen.« Das klang alarmierend, nachdem alles schon beruhigt und beendet schien. Aber es war nicht beendet. Sie sagte: »Es gibt ein Foto davon.« Da musste ich mich setzen. Die Knie werden weich und die gesamte Muskulatur erschlafft in dem kurzen Interim, wenn der Körper umschaltet von Schreckstarre auf Fluchtbereitschaft. In dieser Schaltpause sank ich widerstandslos auf den Stuhl. »Es ist ziemlich eindeutig«, fuhr Liv schrecklicherweise fort. »Es war kein Unglücksfall.« Genau das hatten wir bis dahin alle geglaubt – oder zumindest diejenigen, die es nicht besser wissen konnten. Nur eine einzige Person konnte es besser wissen. Und die war anscheinend auf dem Foto zu erkennen, das Liv in der Hand hielt. Ich radelte sofort zu ihr.

Das war drei Tage nach dem Fest. Jemand musste ihr das Foto gemailt haben. So etwas war nicht ungewöhnlich. Liv bekam jedes Mal Fotos nach Wochenenden, an denen das Licht gut gewesen war, und besonders viele nach dem Stecknitzfest. Sie war die Public-Relations-Frau der Region mit bewunderten Erfolgen im Marketing. Zu den Ergebnissen ihres Wettbewerbs für Hobbyfotografen zählten eine Wanderausstellung, großformatige Kalender, Kühlschrankmagnete, T-Shirts, Becher und erlesen gedruckte Ansichtskarten, die an der Tankstelle, im Rathaus und im Spielzeuggeschäft verkauft wurden. Beim Stecknitzfest konnte man sie an einem Drehständer vor dem Stand bewundern, den Liv am Uferweg betreute. Die Bestseller – Rapsfelder unter blauem Himmel, Pappeln am Kanal mit Spiegelung, Wolkentürme über Hügeln, Kühe im Nebel, Gewitterstimmungen, Sonnenuntergänge, Kinder und Kätzchen vor alten Hoftüren – waren auch als Poster zu haben.

An diesem Stand weihte Liv mich umfassend ein in die Liebesabenteuer, die sich außerhalb meiner Wahrnehmung abgespielt hatten. An dem Tag hatte ich mich ziellos durchs Festprogramm treiben lassen. Niemand hatte mir eine Aufgabe angetragen. Claudia unterstützte zwei Mütter beim Kinderschminken und betreute einen Parcours, auf dem gehüpft und balanciert, Ringe geworfen und Reifen durchkrochen wurden.

Die Sonne wärmte die Feiernden. Kalte Tage und eisige Nächte hatte es schon länger nicht mehr gegeben. Das beruhigte mich. Der Dienst, den Astamaya mir zugedacht hatte, würde in diesem Jahr nicht mehr möglich sein. Das glaubte ich. Wohlwollend graste ich die Buden und Stände ab. Es gab viel biologisch Gebackenes, auch live zubereitete Crêpes aus regionalem Buchweizenmehl, dazu selbst gerührte Chutneys und Wurst von bis zum letzten Augenblick glücklichen Tieren.

Drei Konfirmanden drückten sich unschlüssig in einer Bude herum, die dem Pilgerbüro in Santiago einige Ehre gemacht hätte. Der Pfarrer Geissler hatte das Repertoire vielversprechend erweitert. Jakobsmuscheln aus recyclebarem Material lagen neben Versteinerungen, wie sie schon von Hildegard von Bingen gesammelt worden waren – bei ihrer urkundlich bezeugten Wanderung von Behlendorf nach Berkenthin. Es gab Anstecker, Aufnäher, Schlüsselanhänger, tragbar auch für unfromme Wanderer. Die bislang vernachlässigte Pilgerroute von Lübeck nach Lüneburg wurde als Wanderkarte und Buch ins Licht gerückt. Es gab Kräutermischungen nach Hildegards Rezept, laut Aufkleber aus dem eigenen Pfarrgarten.

Micha, der etwas weiter Richtung Brücke seinen Stand hatte, winkte lächelnd ab. »Der Pfarrer ist keine Konkurrenz. Der mischt Fenchel und Brennnesseln und Aronia und Kümmel, dazu Bohnenkraut. Salbei, Dill, Ringelblumen tut er auch noch rein. Vielleicht Rosenblüten und Zimt. Aber Hildegards entscheidende Zutat fehlt!« – »Er kennt sie vielleicht«, gab ich zu bedenken, »aber er darf sie nicht dazumischen, solange der Landesbischof selber nicht kifft.« – »Von Gras rede ich nicht«, sagte Micha. »Hier, probiere mal diese Tropfen!« Er hielt ein durchsichtiges Fläschchen mit filtrierter Essenz in die Höhe. »Etwas später«, versprach ich vage. Der Tag war noch jung. Vorerst wollte ich ihn mit klarem Verstand erleben. Und das sollte sich als überlebenswichtig erweisen.

Der Pfarrer selbst stand aufmerksam an der mobilen Bühne. Jugendliche der kircheneigenen Band »Sound of Life« sangen Lieder von Frieden und Eisbären. Das unterstützende Publikum bestand aus Eltern, Geschwistern und Freunden. Etwas später würde der Tanz der Landfrauen zur Musik von DJ Storchschnabel wesentlich mehr Zuschauer anziehen, nicht weil die Reihentänze, Kreistänze, Kegeltänze so kunstvoll waren, sondern weil ihnen an Komik nichts gleichkam. Allenfalls der Bürgermeister, aber der war ja freiwillig komisch.

Pfarrer Geissler hatte mich entdeckt. »Hast du Claudia gesagt, dass sie noch den Beichtstuhl zu restaurieren hat, die Zwischenwand?« Der Ton kam mir wieder unangemessen fordernd vor. »Gemeldet hat sie sich nämlich nicht«, beschwerte er sich.

»Ich muss gestehen, ich habe es vergessen«, bekannte ich.

»Dann sorge doch bitte dafür, dass sie vorbeikommt.«

Er hätte Claudia gut selbst fragen können. Das scheute er offensichtlich. Ich zog mich unauffällig zurück und heuchelte Interesse für die ungeschickten Jungmänner, die den Nachbau eines historischen Salzprahms in Bewegung zu setzen suchten. Auf dergleichen Kähnen gelangte einst Salz aus Lüneburg an die Ostsee. Auf dem Parkplatz packten die Musiker der Freiwilligen Feuerwehr ihre Instrumente aus und wienerten daran herum. Von Finn, der die Pauke beherrschte, keine Spur. Angeheiterte männliche Feriengäste sammelten sich zu einem Stärkebeweis, der darin bestand, dass sie an Seilen um Bauch und Schultern ein Boot ziehen mussten. Mit erwartungsfrohen Kindern gefüllt, lag es unbewegt am Steg; die väterlichen Sklaven sollten es auf dem Uferweg bis zur Schleuse ziehen. Dann war da die Schülergruppe, die ein Modell für die straßenüberspannende Haselmausbrücke präsentierte, zurzeit das wichtigste Umweltprojekt der Region.

Am Stand von Liv lehnte der greise Wilhelm Knaup weit über den Auslagen, um ihr eine schlüpfrige Anekdote aus dem Mittelalter ins Ohr zu sagen und dabei in den Ausschnitt zu schielen. Bevor er die Bühne betreten und Döntjes erzählen würde, wollte ich mich verdrücken. Liv begrüßte mich als Retter vor seinem Atemhauch. »Dietmar, du wolltest mir helfen, die Postkarten zu sortieren«, zwinkerte sie. »Es sind neue eingetroffen!« Ein wenig ratlos begab ich mich zu ihr. »Entschuldige, Wilhelm«, lächelte sie, und er trollte sich.

»Aber bei meinem Auftritt seid ihr dabei!«, krächzte er noch. »Ich habe allerhand Neues zu berichten, von den Heerlagern in der dänischen Zeit!« Die lag ungefähr achthundert Jahre zurück. Wir nickten beflissen. »Er meint das Dänische Bettenlager«, vermutete Liv, als er in der Menge verschwunden war. »So ganz klar scheint er nicht mehr zu sein.«

Tatsächlich waren neue Ansichtskarten eingetroffen, alles Luftaufnahmen von Ballonfahrern. Früher hätte man solche Bilder nicht machen dürfen. Jetzt gehörten sie zu den Attraktionen. Maislabyrinthe von oben, Schleppkähne auf dem Kanal, Straßen und Radwege und, unter den Wipfeln kaum zu erkennen, die Forstwege. Dann die Kornbrennerei in Krummesse, die Reste der Deponie in Sierksrade, die hübschen und die hässlichen Dörfer. Unsere kleine Wochenendsiedlung war nicht dabei. Aber auch an diesem Tag des Stecknitzfestes waren Ballons in Mölln gestartet. Gesehen hatte ich noch keinen. Die Piloten konnten nicht entscheiden, wohin der Wind sie trieb. Willenlos der höheren Macht hingegeben, glitten sie durchs Himmelsmeer.

»Sortieren?«, fragte ich. »Das war nur so dahingesagt«, gab sie zu. »Hast du Ewald gesehen?« Ewald, der Bürgermeister, ihr Ehemann, musste gleich in seinem Clownskostüm die Bühne erklimmen. Er bat immer ein paar Kinder mit hinauf und zauberte fröhlich. Das konnte er. Der Zeitplan wurde nie so exakt eingehalten, wie der Programmzettel ihn auswies, besonders wenn Gruppen wie »Sound of Life« den Beifall ihrer Eltern zu Zugaben missbrauchten. Aber annähernde Pünktlichkeit war erbeten. »Soll ich ihn suchen?«, fragte ich. Liv schüttelte den Kopf. »Auf den ist Verlass.«

Sie hängte die Luftaufnahmen von Berkenthin auf. Meiers Gasthof war zu erkennen, der Sportplatz, auf dem gerade der TSV ein Spiel absolvierte, und die Antikscheune mit buntem Bauerngarten. »Wo steckt eigentlich Finn?«, fragte ich. Sie kicherte. »Der mag keine großen Menschenansammlungen. Er hat gute Gründe, sie zu meiden. Jedenfalls hier im Kreis.«

Ich hatte Finn nicht mehr gesehen seit jenem Abend, als er wie ein junger Gott die Sonne in unserem Schlafzimmer aufgehen ließ. Claudia gegenüber hatte ich seinen Namen nur ein einziges Mal erwähnt, als es wieder ums Rasenmähen ging und um Hilfe bei der Gartenarbeit im Allgemeinen. »Engagiere doch Finn!«, hatte ich so harmlos wie möglich gesagt. »Angeblich ist er der beste Gärtner im ganzen Landkreis!« – Claudia hatte verächtlich geschnaubt. »Der Typ, der mit freiem Oberkörper mäht, um Frauen zu beeindrucken? Soweit ich weiß, hat er eine Affäre mit Liv. Solche Gecken kommen mir nicht ins Haus!«

»Er soll ja nur aufs Grundstück«, hatte ich mich getraut.

»No way«, war die Antwort gewesen.

Jetzt aber näherte sich der Bürgermeister der Bühne. Er winkte, er tänzelte. Liv lachte übermütig und klatschte.

Schon liefen aus allen Richtungen Kinder herbei, die Erwachsenen folgten. Ewald war vergnüglich anzusehen wie ein Hofnarr versunkener Zeiten, in seinem knallbunten Kostüm, das über dem Bauch mächtig spannte. Sonnengelb war die Grundfarbe, darauf saßen die farbigen Filzflicken und Puschelknöpfe. Eine regenbogenfarbene Perücke gehörte auch noch dazu und patschige rote Clownsschuhe und Handschuhe ganz in Weiß. Das gleiche Kostüm hatte ich für Claudia gekauft, fiel mir erst jetzt wieder ein. Es lag immer noch im Schuppen am Carport versteckt. Ich hatte versäumt, es ihr zu überreichen.

Der Bürgermeister begann. Er gluckste, er sang ein bisschen, er erzählte auch was, Kinderwitze vermutlich. Das Mikrofon trug seine Scherze nur in Bruchstücken zu uns herüber. Liv legte den Kopf schief und lauschte, vergeblich. Ich nutzte die Gelegenheit: »Stimmt es, dass du eine Affäre mit Finn hast?«

Ihr Lachen war von echter Herzlichkeit. Sie schlug mir fröhlich auf die Schultern wie einem alten Kampfgefährten. »Dir entgeht aber auch gar nichts!«, amüsierte sie sich. »Und, ja«, fügte sie etwas ernster an. »Ich habe viel mit Finn gemacht und er viel mit mir. Vor allem im Wald. Das gefiel uns. Wir haben alle Hochsitze der Gegend bevögelt. Jeden einzelnen je einmal, das war unser Ziel. Wir wollten Spaß haben und mit diesem Spaß das Guinnessbuch entern. Wir haben es nicht ganz geschafft.«

»Weil ihr entdeckt worden seid«, mutmaßte ich.

»Nein, weil er die Qualitäten deiner Frau entdeckt hat.«

Ich atmete tief durch. Kein wohltuender Kiefernduft war hier zu erschnuppern, keine heilsamen Terpene durchwebten die Luft. Nur Zigarettenrauch mit einer Prise Cannabis wehte aus Michas Richtung herüber. »Ich weiß«, sagte ich.

»Was meinst du, warum du immer die Standortfreigabe einschalten sollst? Jedes Mal, wenn du abends auf Radtour gegangen bist, um heimlich den Müll zu entsorgen, hat er deine Frau glücklich gemacht. Als du in Ratzeburg den Biber gemimt hast, haben sie sich im Hotel am See getroffen; er renoviert da die Zimmer. Wenn du nach Liebesschlössern getaucht hast, ist er in ihr Liebesschloss getaucht. Als du Anklatscher warst, hat er angeklatscht, und als du in Krischan Kochs Fredenbüll-Serie das Lichtdouble mimen durftest ...«

»Ich weiß das alles«, log ich heiser, mit einem Rest vom Boden gekratzten Selbstbewusstsein.

»Und du weißt auch, dass sie es in der Kirche in dem barocken Beichtstuhl dermaßen getrieben haben, dass die Zwischenwand geborsten ist?«

»Der Pfarrer hat es mir erzählt«, behauptete ich.

»Du bist erstaunlich ruhig, das liegt wohl am Waldbaden?«, staunte Liv. »Nun, ich bin Claudia auch nicht böse. Es war gut, dass es zu Ende ging für mich. Und zum passenden Abschluss ist gestern noch der Förster gekommen. Dummerweise war ich nicht da. Der hat Ewald einen Büstenhalter mit meinem Monogramm überreicht. Geborgen vom Hochsitz am Teichgraben bei Bergrade.«

In meinen Ohren zischte es, als würde Luft aus einem Ventil entlassen. Benommen starrte ich auf die Bühne, wo der Bürgermeisterclown gerade zu jonglieren begann. Zunächst mit Tüchern, was niemandem sonderlich kunstvoll vorkam, danach mit wolligen Bällen und dann mit bunten Kugeln, mit zweien, dreien, vieren. Das ging verblüffend gut. Als er die fünfte hinzunehmen wollte, fiel die herunter.

»Ewald ist seitdem nicht mehr nüchtern gewesen«, seufzte Liv. »An dem Abend dachte ich, ich nehme die Gelegenheit wahr und erzähle ihm alles. Für mich war es befreiend, für ihn wohl weniger.«

»Ist er ausgerastet?«

»Noch nicht. Aber wenn Finn hier auftauchen würde, könnte ich für nichts garantieren«, sagte sie. »Deshalb habe ich Finn empfohlen, der Show fernzubleiben. Und Ewald werde ich gleich empfehlen, nach Hause zu fahren und sich ins Bett zu legen. Mit zwei Flaschen Stecknitzköm.«

»Nach meinem Gefühl hast du alles richtig gemacht«, sagte ich. »Kann ich dir einen Crêpe mitbringen? Ich wollte mal was essen gehen. Oder einen Kräutertee Nummer sieben?«

Liv lachte. »Noch nicht. Ich habe meine Thermoskanne.«

Ich wollte einfach nur auf und ab gehen, für ein paar Minuten, allein. Ich sah Claudia den Kinderparcours neu richten. Die Kinder waren zum Clown gelaufen und würden gleich wiederkehren. Ich grüßte hinüber, sie winkte liebenswürdig zurück, betörend in rätselhafter Unschuld. Bald musste die Tombola starten, für die wir Hammersteins Zwergin gestiftet hatten.

Manu fiel mir ein, die mittelwertige Antiquitäten als Preise spenden wollte. Sie betreute ein ganzes Ausstellungszelt. Auf Tapeziertischen hatte sie Nippes arrangiert – Porzellanfiguren, Puppen, Schmuck, Schachteln, Kästchen, Uhren, Lampen.

»Finn ist nicht da?«, fragte ich.

»Er mag solche Menschenansammlungen nicht«, erklärte sie.

»Kann ich verstehen.«

»Wenn die anderen feiern, arbeitet er«, sagte sie stolz. »Dann sägt er für andere Leute Äste ab oder lichtet Büsche aus oder mäht den Rasen.«

»Die Tiffanylampe da interessiert mich«, sagte ich mit einem Zittern in der Stimme, denn eine intuitive Eingebung war mir als Injektion in die Blutbahn geschossen. »Aber ich hole sie später. Ich will erst noch mal herumschnuppern und bei der Tombola mitmachen.«

Von dem Physiker und Neurologen Allan Snyder gibt es einen zentralen Satz: »Bewusstsein ist nur eine PR-Aktion Ihres Gehirns, damit Sie denken, Sie hätten auch noch was zu sagen.« Mit dem Zitat soll klargestellt sein, dass ich als Dietmar Bittrich mit den folgenden Ereignissen nicht das Geringste zu tun habe.

Als ich auf mein Fahrrad stieg, sah ich auf dem Parkplatz Ewald zu seinem Auto wanken, immer noch im Clownskostüm, erkennbar unnüchtern, aber für ländliche Verhältnisse fahrtüchtig. Er bemerkte mich nicht. Ich trat in die Pedale mit all dem Adrenalin, das ich angespart hatte. Sieben Minuten benötigte ich zur Dörpstraat und zum Umlöper. An der Ecke zum Heebarg hörte ich bereits unseren John Deere. Ich fuhr langsamer. Dann bückte ich mich hinter die Rhododendren und spähte vom Carport aus hoch: Der Rasen vor dem Haus war vollständig gemäht. Dann war er bereits dahinter zugange.

Jetzt musste es schnell gehen. Ich öffnete die Schuppentür. Ich fand das Paket, riss es auf, entfernte die Klammern, die Nadeln, das Klebeband. Alles passte, am Bauch nur dank des Gummizuges im Gürtel. Die Schuhe waren patschig groß, aber das kannte ich von meinen Auftritten als Maskottchen. Nun nur noch die Nase, die Regenbogenperücke, die weißen Handschuhe. Und jetzt eilig über das verlassene Grundstück des Nachbarn hinauf und hinter den Forsythien zu den Heckenrosen und dort durch den engen Zugang.

Rasch noch eine der eisernen Grenzstangen des Nachbarn gelockert und aus dem Rasen gezogen! Ein Stück weiter unten zog Finn seine Bahnen an diesem einschüchternden Steilhang, und er tat es tatsächlich mit freiem Oberkörper, obgleich niemand hier zu beeindrucken war. Ein schöner Mann. Zum Niedermähen schön. Er hatte seinen Blick auf den Boden gerichtet. Ich eilte und rutschte auf den glatten Sohlen bergab. Er sah mich nicht. Oder erst ganz zuletzt.

Da hatte ich gerade die Stange am Unterboden angesetzt, vorschriftsmäßig, um die größtmögliche Hebelwirkung zu erzielen. Meine Kraft in diesem Augenblick überstieg alles Gewohnte. Der Mäher hob gehorsam zwei Räder wie ein Hund sein Bein an einem Baum. Finn schrak auf. Er sah einem irren Clown ins Gesicht. Seine Hände umkrampften das Steuer. Und nun kippte ihn das Rad des Schicksals, das ganze Leben, der Kosmos selbst stürzte ihn um. Ich hatte nichts mit dem Geschehen zu tun. Ich war nur Zeuge. Der Mäher wälzte sich brüllend über ihn. Und zusammen rutschten die beiden bergab. Unten Finns Körper, auf ihm der Mäher mit leer rotierendem Schermesser.

Das reichte. Ich hastete auf dem Weg zurück. Die Stange wieder auf die Grenze gesteckt, mit fliegendem Atem durch die Heckenrosen, an den Forsythien vorbei zum Carport. Im Schuppen umgezogen, das Clownskostüm in eine schwarze Mülltüte mit rotem Zugband gezwängt und in den Rucksack gestopft. Jetzt per Fahrrad kraftvoll bergauf Richtung Fliegenberg mit hormonellem Support, den holprigen napoleonischen Pflasterweg entlang. In der Ferne Richtung Duvensee schwebte in vollendetem Frieden ein ruhiger Ballon. Ich fegte weiter nach Sierksrade zur alten Deponie, wo noch ein Kleidercontainer stand. Adieu, mein kurz geliebtes, nur einmal gebrauchtes Clownskostüm!

Mit ruhigem klopfendem Herzen kehrte ich zurück in den Trubel des Festes, gerade rechtzeitig, um ein Los der Tombola zu erhaschen, für das es später einen Aschenbecher aus Hartplastik gab. Ich brachte Liv zwei Crêpes an den Stand und erwarb die Tiffanylampe für Claudia. Ich schenkte sie ihr. »Ich muss dir noch etwas sagen«, lächelte sie. »Ich bin deinem Rat gefolgt und habe nun doch Finn engagiert.« – »Wow, super, danke!« – »Ja, und heute schon will er bei uns den Rasen mähen. Du kommst ja doch nie dazu.« – »Nein, das ist toll!«, freute ich mich. »Da bin ich gespannt!«

Von dem Moment an blieb ich bei ihr für den Rest des Tages. Später half ich beim Abräumen, beim Zusammenpacken und bei den Abschiedszeremonien, als man sich gegenseitig lobte und komische Vorkommnisse in Erinnerung rief: den Sturz der Salzprahmjünglinge ins Wasser, die ungelenken Rempeleien der tanzenden Landfrauen, die Anekdotenverwirrungen des Lokalhistorikers, die Asynchronität der Blaskapelle und Astamayas befremdlichen Auftritt, die wie eine alte Indianerin, Obertöne singend, durch die Menge geschritten und wieder verschwunden war. Dieser Auftritt war mir leider entgangen.

Als wir nach Hause kamen, freute sich Claudia über den Anblick des sorgsam gemähten Rasens.

»Das hat er ja wirklich professionell hingekriegt«, stimmte ich zu. »Aber wohl nicht hinterm Haus?«

»Doch, sollte er!«

Ich trug die Tiffanylampe ins Wohnzimmer, während Claudia ums Haus herumging. Natürlich eilte ich zu ihr, als ich ihren panischen Schrei hörte. Das Wichtigste war zunächst, das Loch im Rasen zu glätten, das beim

Einstemmen der Stange entstanden war. Das Zweitwichtigste, sie zu trösten. Das Gesamtpaket Mäher plus Leiche war wie eine Mure erstaunlich weit den Hang hinab auf unser Haus zugerutscht und erst in den Rhododendren vor dem Schlafzimmer hängen geblieben.

Ich habe schon erwähnt, dass dieser Unfall weltumspannend genutzt wurde, um die Sites für Vermischtes mit einer kleinen wahren Gruselgeschichte zu schmücken. Claudia, die zuerst seelsorgerisch hatte betreut werden müssen, fand wieder zu sich und wirkte ein paar Tage später heiterer als zuvor, erleichtert, entlastet, befreit.

Ja, und dann erreichte mich leider der Anruf von Liv: »Wir müssen uns treffen.« Es gebe ein Foto, und das zeige, dass es kein Unglück gewesen sei. Ich radelte zu ihr. Sie war allein zu Hause. Der Bürgermeister, immer noch im leichten Delirium, saß im Amt.

»Ich sehe nichts«, sagte ich, als sie mir mit zitternden Fingern das Foto reichte. Es war aus einem Ballon aufgenommen worden. »Am Nachmittag des Stecknitzfestes«, sagte sie. »Ja, hübsch!«, gab ich zu. Der Ballon musste zwischen Kühsen und Niendorf Richtung Duvensee getrieben sein, zu weit entfernt von den Schauplätzen des Stecknitzfestes. Doch mit der Sonne im Rücken war eine schöne Landschaftsaufnahme Richtung Nordosten gelungen, bis zu den Türmen von Lübeck, mit Feldern und Wiesen und kleinen Seen und Knicks, mit dem Wald, in dem ich einen Baum umarmt hatte, und mit dem Swingolfplatz beim Café uppen Barg in Bergrade.

»Wunderschön!«, sagte ich. »Erstaunliche Tiefenschärfe! Willst du das als Poster machen?«

»Tust du nur so oder brauchst du eine Brille?«

»Was ist los?«

Sie tippte mit dem Finger auf die Grundstücke unseres kleinen Wochenendgebietes, nicht auf alle, nur auf unseres. »Das ist euer Haus.«

»Exakt«, bestätigte ich. Sie reichte mir eine Lupe. Und damit sah ich den Mäher. Und darauf etwas, das ein Mann mit freiem Oberkörper sein konnte. Daneben eine bunte Figur, die darauf zuzulaufen schien. »Oh Gott, was ist das denn?«

»Eben«, sagte Liv.

»Verstehe ich nicht«, regte ich mich auf. »Was ist das?«

»Das ist jemand im Clownskostüm, der auf Finns Mäher zuläuft«, erklärte sie mir.

»Das kann doch nicht sein!«

»Weil er vorhat, ihn umzustürzen!«

»Das gibt es nicht!«, rief ich

»Es war ein Mord«, sagte sie ruhig.

»Unmöglich! Wer sollte das sein?«

»Es kommt wohl nur einer in Frage«, sagte sie. »Und du weißt genau, wer.«

Ich nickte bedrückt. Und so ist es gekommen, dass ich wenige Tage später, als die Eisheiligen doch noch machtvoll ins Land gerückt waren, als jeden Morgen der Rasen weiß war und der Teich überfroren – dass ich in den Wald ging, am Abend der Kalten Sophie. Astamaya hatte mir endlich mitgeteilt, wen ich zum letzten Schlaf begleiten sollte, »denn Ewald ist schon länger nicht mehr gesund, mich mag er nicht, aber dich«. Und ich habe ihn gern begleitet. Michas Nummer neun benötigte er nicht. Ihm reichte der bewährte Stecknitzköm. Liv hat ihm, auf mein Anraten, das belastende Foto nicht mehr gezeigt. Er war des Lebens ohnehin müde.

»Vielleicht kannst du im nächsten Jahr als Clown auftreten!«, sagte ich zu Claudia, als ich aus dem Wald zurückkehrte.

»Du siehst glücklich aus!«, stellte sie erstaunt fest.

»Ich habe es auch nicht geglaubt«, gab ich zu, »aber es ist wunderschön, jemanden auf dem letzten Weg zu begleiten. Es ist eine Rückkehr zum ursprünglichen Frieden nicht nur für denjenigen, für eine Weile auch für den Begleiter.«

»Aber du siehst sehr lebendig aus«, rief sie fröhlich. »Gut durchblutet, mächtig durchpulst! Du siehst so aus wie an dem Abend, als du den Zwerg plattgemacht hast!«

Ich lachte. Sie zog mich ins Bett. »Der Sex danach war so gut«, schnurrte sie, »so intensiv, erinnerst du dich?« Ja, klar ich erinnerte mich. »Ich habe das Gefühl«, raunte sie, »ich bin schwanger geworden.« – »Okay!«, staunte ich. – »Und, Dietmar, ich glaube, es wird ein Gärtner!«